# 삼봉 정도전의 건국철학

도올 김용옥

[X] 통나무

## 제1장

# 정도전 그는 누구인가?

책상앞에 『삼봉집』을 펼쳐놓고 있으면 가슴이 울렁거린다. 비록 중원(中原)의 문자를 빌고 있다고는 하나, 그것은 분명 공(孔)·맹(孟)의 담설이 아니요, 이 땅에서 살아 움직이고 스러져간 나의 뿌리의 생생한 숨결을 엿듣게 하는 조선의 언설이기 때문이다. 그 언설을 통하여 우리는 이 땅 조선의 혁명이 어떻게 시작되었으며 어떻게 이룩되었나하는 것을 알 수 있는 것이다. 『삼봉집』은 혁명의 책(革命之書)이다. 어쩌면 삼봉은 우리 조선의 역사에서 세계정치사에 치립(峙立)할 수 있는 인물로서 내어놓을 수 있는 유일한 혁명아(revolutionary)요, 프로펫셔날 폴리티션(professional politician)일지도 모른다.[1] 혁명(革命)이란 명(命)을 갈아치우는(革) 것이다. 그것은 폴리테이아(Politeia)의 근원적 변혁을 요구하는 것이요, 왕조의 변화를 수반하는 것이다. 정치를 이념과 권력의 끊임없는 교섭의 역사라고 한다면 삼봉은 명(命)을 혁(革)할 수 있는 이념의 설계를 완성하였고, 그 설계를 구체적 현실로서 실천할 수 있는 권력을 장악하는데 성공하였다. 그는 좌절된 몽상가가 아니요, 치열한 현실의 승자(a victor in the real world)였다. 정치가의 평가란 본시 피비린내나는 정치권력의 장 속에서 구체적으로 어떠한 성과를 냈느냐에 따라 이루어질 수밖에 없는 것이기 때문에 학자나 예술가처럼 무조건 호의적인 평가만 얻을 수는 없다. 정권의 장 그 자체가 우리의 상식적 도덕의 기준을 뛰어넘는 복잡한 해석의 장이기 때문이다. 그

---

1) 최근 삼봉 정도전을 "정치가"라는 사회과학적 개념의 측면에서 접근한 고려대 정치외교학과 최상용 교수의 훌륭한 논문이 하나 있다. 최교수는 삼봉을 플라톤이 말하는 "철학," 마키아벨리가 말하는 "덕성," 막스 웨버가 말하는 "책임윤리," 이 세 측면이 겸비된 자질을 구비한 정치가로서 단테나 마키아벨리를 뛰어넘는 인물로서 묘사하고 있다. 그런데 이러한 평가가 국수주의적 과시가 아닌 사회과학적인 논리 위에서 설득력 있게 전개되고 있다는 데 본 논문의 장점이 있다. 최상용, "정치가 정도전(鄭道傳)연구,"『아세아연구』(서울: 고려대학교 아세아문제연구소, 2003), 통권 111호, 제46권 1호, pp.3~29.

럼에도 불구하고 우리는 자신의 삶을 통하여 정치적 권력에 헌신하고, 그 권력을 공적인 가치로 전환시키는 위대한 정치적 지도자를 항상 갈망한다. 이러한 우리의 갈망에 부합되는 인물로서 우리는 삼봉 정도전을 뛰어넘는 인물을 우리의 역사에서 발견하기 어려울 것이다.

이념과 권력의 끊임없는 교섭관계를 운운한다면 삼봉은 맑스와 레닌을 합친 인물일 것이다. 맑스는 과학적 역사주의의 낙관적 신념하에 자본주의 필망론을 말하였고 사회주의 혁명의 가능성을 자본주의 모순관계가 성숙한 영국과 같은 나라를 모델로 하여 그의 기대를 부풀리었다. 역사의 진행은 그의 예견을 빗나갔고, 오히려 자본주의가 전혀 성숙치 아니한 러시아에서 그의 이론은 실천에 옮겨졌다. 맑스는 볼쉐비키혁명을 보지 못하고 죽었다. 레닌은 맑시즘을 러시아농촌의 현실에 맞게 해석하고 강력한 중앙집권의 당이론을 새롭게 구축하면서 볼쉐비키를 이끌고 차르왕정을 내모는데 성공한다. 맑스를 과학적 이론의 상징이요, 레닌을 혁명적 실천의 상징이라고 한다면 분명, 삼봉은 맑스의 냉정과 레닌의 열정을 한 가슴에 품고 산 인물이었다. 맑시즘-레니니즘의 설계는 불과 1세기를 지탱하지 못했다. 그러나 삼봉의 구상은 조선조 500년, 아니 600년을 지난 오늘 대한민국의 현실에까지 살아 움직이는 이념으로서 맥동치고 있는 것이다. 오늘 우리가 살고 있는 대한민국은 입헌민주주의(constitutional democracy)의 새로운 정치실험의 장이다. 그러나 우리는 입헌민주주의 제도적 양태(institutional forms)에만 고집하여 그 근대성(modernity)의 가치를 독점적으로 운운할 수는 없다. 입헌민주주의의 제도적 장치 이전에 그 제도를 움직이고 있는 인간과 그 인간을 지배하는 에토스(ethos)를 생각할 때, 우리는 정도전이 구상한 혁명의 이념적 설계도와 오늘 우리의 현실사이에는 놀라운 연속성이 확보되고 있음을 발견한다.

삼봉은 맑스의 이상주의와 레닌의 현실주의를 냉혹하게 밀착시켰다. 그만큼 그는 구체적인 역사 진행의 알파와 오메가를 관통하고 있었다. 그는 맑스처럼 과학적 필연성을 신봉한 사람이 아니었다. 삼봉은 그가 산 세계를 윤리적으로 재구성할려고 노력했다. 맑스 스타일의 과학적 낭만주의는 오히려 조선왕조 말기의 최한기의 기학체계에서 그 상통점을 발견할 수 있다. 혜강 최한기의 기학체계는 물리(物理)가 윤리(倫理)를 지배하는 실성(實性)으로 특징지워진다. 허나 삼봉의 혁명사상은 윤리가 물리마저 지배하는 실성(實性)으로 특징지워진다. 이 양자에는 조선왕조의 시(始)와 종(終)이라는 대립양상에도 불구하고 놀라운 공통적 실성이 자리잡고 있는 것이다. 이러한 실성(practicality)은 결국 두 극단의 사상이 모두 조선왕조라는 틀을 이탈하고 있다는 사실에 연유하고 있다는 것을 말해준다. 여기서 말하는 "이탈"이란 무관(無關)이 아니다. 이 양자의 사상이 모두 조선왕조의 시간 밖에서 조선왕조의 틀을 규정하려는 웅혼한 비상의 소산이라는 뜻이다.

정치는 질서(order)를 전제로 하지 않을 수 없다. 질서는 권력으로부터 발생하는 엔트로피의 감소태인 것이다. 따라서 모든 사회질서의 성공적 지속을 위해서는 두가지 모순적 요소가 항상 공시적으로 요청되는 것이다. 그 하나는 사회에 질서를 줄 수 있는 권력의 중심체를 창출하는 것이고, 다른 하나는 그 중심체의 권력 그 자체를 어떻게 제한시키느냐에 관한 것이다. 입헌민주주의(constitutional democracy)라 할 때, 많은 사람들은 입헌주의(constitutionalism)와 민주주의(democracy) 사이에 존재하는 모순적 갈등을 주목하지 않은 채 양자 사이에 동질적 시민 에토스가 지배하고 있는 것처럼 생각한다. 민주주의란 분명 민(民)이 주(主)가 되는 정체(政

體)를 말한다. 그것은 기본적으로 민의 자치(自治, self-rule), 자결(自決, self-determination)을 이상으로 하는 것이다. 입헌주의란 역사적으로 왕권의 제약과 관련된 것이다. 입헌주의란 모든 정치적 과정과 정부의 권력을 제약하고 통제하는 것이다. 그것은 민권의 보장에서 출발한 것이지만 결국 민권의 제약까지를 포섭하는 것이다. 헌법은 때로는 다중의 의사를 역행하는 고차원의 규범적 질서로서 보호되기도 하는 것이다. 민주주의가 원심적 방향의 정치질서라 한다면 입헌주의는 구심적 방향의 정치질서인 것이다. 민주가 풀음(放)이라면, 헌법은 수렴(收)이다.2)

---

2) 이런 문제를 세밀하게 논구한 좋은 논문 하나를 소개한다. Hahm Chaihark, "Constitutionalism, Confucian Civic Virtue, and Ritual Propriety," in *Confucianism for the Modern World*, ed. by Daniel A. Bell and Hahm Chaibong(N.Y.: Cambridge University Press, 2003), pp.31~53. 함재학 교수(연세대 국제학대학원)는 입헌주의와 민주주의 갈등을 예리하게 분석하고 유교적 윤리를 입헌주의적 질서의 한 전형으로 파악한다. 그리고 예(禮)는 피지배층의 윤리의식과 지배층의 윤리의식 모두를 동질적으로 지배하는 규제의 원리로서 파악되어야 한다고 본다. 그의 하바드대학 학위논문도 이러한 주제를 다루고 있다. Chaihark Hahm, *Confucian Constitutionalism*, Harvard Law School J. S. D. dissertation, 2000.

삼봉은 민주주의의 원칙으로서 맹자의 귀민주의(貴民主義) 이념을 표방하고 역성혁명(易姓革命)의 가능성을 무한히 개방함으로써 민의 절대적 가치를 신봉했지마는 민의 주(主)됨을 보장하는 자치의 제도적 장치를 확보하는 데까지는 이르지 못했다. 그러나 입헌주의의 측면에서는 삼봉은 매우 구체적으로 왕권을 제약하는 여러가지 제도적 장치를 확보했다. 단지 재상(宰相)을 선출하는 과정을 보다 개방적으로 제도화했더라면 아마도 그것은 당대의 세계사에서 가장 선진된 형태의 입헌군주제가 되었을 것이다. 삼봉이 생각한 세계는 분명 규범적인 윤리의 세계였다. 그러나 그가 생각한 윤리는 일차적으로 지배계층을 규제하기 위한 것이다. 그러나 그러한 지배계층의 규범적 윤리가 가능하기 위해서는 끊임없이 그러한 에토스를 산출하는 문화적 저변이 동질적으로 확보되어있지 않으면 안된다. 왕권을 효율적으로 제약하기 위하여서는 사대부는 자신들의 도덕적 규범을 스스로 규제하지 않으면 안된다. 그리고 일반백성들도 사대부의 윤리를 규제하기 위해서는 하늘의 소리라 말할 수 있는 절대적 민의를 형성할 수 있는 그러한 문화적 저변 속에서 생활하지 않으면 안된다. 이러한 전체적 동질규범이 곧 보이지 않는 불문적 헌법(unwritten constitution)을 형성하게 된다. 이러한 헌법이 유교적 어휘 속에서는 인(仁)이니 예(禮)니 사단(四端)이니 하는 개념으로 등장하게 되는 것이다. 많은 학인들이 삼봉을 읽을 때, 편년사적 시대의 제약성 때문에, 그리고 "근대"라고 하는 역사서술방법의 콤플렉스 때문에, 삼봉을 어떠한 "전근대적" 틀 속에 가두어버리지 않으면 아니 된다는 강박관념에 사로잡혀 있다. 그러나 우리에게 있어서 삼봉은 근대도 아니요, 전근대도 아니다. 그는 우리와 같이 호흡할 수 있는 동대(同代, contemporaneity)의 인간일 뿐이다. 그의 혁명적 구상은 물론 그가 살았던 시대를 대상으로 한 것이기 때문에 그 시대의 고유한 문제의식(Zeitgeist)의 맥락 속에서 이해되어야 할 것이다. 우리는 우리가 살고 있는 시대의 문제의식을 가질 수밖에 없다. 그러나 후자가 전자보다 보다 "근대적"이라는 가치판단은 근원적으로 성립할 수가 없는 것이다. 오직 삼봉시대의 문제의식과 우리시대의 문제의식 사이에 구조적 동질성이 확보될 수 있다고 한다면, 그것이 곧 동시대성을 형성하는 것이다. 그렇지 않으면 모든 역사는 현대사일 뿐이라는 크로체(Benedetto Croce, 1866~1952)의 말이 역사철학서의 한 장식적 경구로 끝나버리고 말 것이다. 모든 역사가 현대사일 뿐이라면, 실상 모든 시대구분론이 하나의 이해의 방편일 뿐 그 절대적 가치가 상실되는 것이다. 아니,

모든 시대구분론은 파기될 수도 있는 것이다. 조선 후기를 장식하는 실학이라는 히스토리오그라피적 개념이 파기되어야 하는 것이라면,[3] 우리는 삼봉을 읽을 때도 모든 역사학적 선이해(Pre-Understanding)의 편견에서 벗어나 자유롭게 그 동시대성을 파악하는 자세를 견지해야 할 것이다. 나에게 삼봉은 영원히 콘템포라리 쏘오트(contemporary thought)일 뿐이다.

삼봉의 생애에 관해서는 이미 한영우(韓永愚)선생의 『왕조의 설계자 정도전』에 소상하게 잘 밝혀져 있으므로 내가 여기서 부연할 필요는 없을 것 같다.[4] 그러나 그동안 그의 생

---

3) 실학의 개념의 파기를 선언한 나의 저술, 『독기학설』(서울: 통나무, 1990)을 참고할 것. 최근 이 책의 개정판이 통나무 출판사에서 나왔다(2004년 1월).

4) 한영우 선생의 기념비적인 저서로서 우리는 먼저 『鄭道傳思想의 硏究』(서울: 서울대학교출판부, 1973)를 들어야 할 것이다. 이 책은 진정한 의미에서 삼봉학(三峰學)의 출발이라고 말할 수 있는 명저이다. 그것은 그가 30대 초반의 나이에, 동숭동 서울대 문리대 이학관 꼭대기에 지은 가건물 속에 틀어박혀 거세게 휘몰아치는 유신체제 물결의 중압을 감지하며 삼봉을 스승으로 모시고 울분을 토로하면서 젊은 혼을 불태운 체험의 집결체였다. 그 뒤로 삼봉 정도전이 대중에게 많이 알려지자, 비전문가가 편하게 읽을 수 있는 삼봉전기의 필요성을 절감하여 집필한 책이 『왕조의 설계자 정도전』(서울: 지식산업사, 1999)이다. 후자는 전자의 내용을 포괄하면

애를 둘러싼 적지않은 정보들이 재해석의 여지가 있다는 의
견도 제출되었다. 삼봉이 이방원에게 역모의 누명을 쓰고 살
해당했으며, 삼봉에 관한 『실록』의 기술이 이방원일파에 의
하여 집필된 것이며 이방원(태종)의 검열을 거쳤다는 불행한
사실을 전제로 할 때 그러한 왜곡의 가능성은 항상 존한다.
그의 출생을 둘러싼 문제,5) 단양우씨 우현보의 세 아들의 처

---

서 평이하게 집필되었기 때문에 일반인들은 후자를 읽는 것이 삼
봉이해의 첩경이 되리라고 본다. 정도전의 가계와 생애, 저술, 사
회·정치사상, 경제사상, 철학·윤리사상, 사상사적 지위가 상술되
어 있다.

5) 제일 먼저 문제가 되는 것은 삼봉의 출생에 관하여 그의 외가혈통
이 비천한 천노의 피가 섞여 있다는 것이고, 그 사실이 정도전의
정치행태를 분석하는 데 많은 사감(私憾)적 행동을 설명해준다는
것이다. 이러한 모든 논의는 결정적으로 『태조실록』 원년 8월 임
신(23일)조에 쓰여져 있는 기사에 근거하는 것인데, 그 기사의 전
후 맥락을 자세히 뜯어보면 날조의 가능성이 적지 않다. 우선 그것
은 정도전의 삶을 본격적으로 묘사하는 맥락이 아닌, 이숭인(李崇
仁), 이종학(李鍾學), 우홍수(禹洪壽), 우홍명(禹洪命), 우홍득(禹
洪得) 등의 죽음을 묘사하는 과정에서 삽입된 것인데, 전체적인 맥
락이 죽은이들에 대하여 매우 동정적인 묘사를 하고 있으며 정도
전의 모든 행태에 관해서는 무조건 악의적인 험담으로 일관되어
있다. 따라서 사관의 엄정한 필법으로 보기가 어렵다. 정도전의 외
할아버지가 우연(禹延)이며 그 부인(외할머니)이 김전(金戩)이라는
자가 노(奴)의 부인 수이(樹伊)와 간통해서 낳은 딸이라는 것이다.
그리고 말하기를 김전(외할머니의 아버지)이 우현보(禹玄寶)의 족
인이라는 것이다. 그런데 곤장을 맞고 죽은 우홍수·우홍득·우홍

명은 우현보의 세 아들이다.

이 전체문맥을 보면 정도전의 외할아버지 우연(禹延)의 혈통과 곤장을 맞고 죽은 우씨들과의 관계가 "玄寶族人金戩者"라는 표현 한마디에 매달려 있는데, 이것은 전혀 본질적인 혈통관계라고 간주하기가 어려운 매우 애매한 서술이다. 다시 말해서 맞아죽은 우씨 3형제의 아버지 우현보와 정도전의 외할아버지 우연(禹延)과는 직접적인 혈통관계가 없는 사람들일 수도 있는 것이다. "우연(외할아버지)의 부인의 아버지가 우현보의 족인"이라는 정도의 커넥션이 과연 정도전의 생애를 집요하게 괴롭히는 결정적인 대사건이 될 수가 있을까? 설사 모종의 관계가 있다 할지라도 그것이 꼭 그 자리에 기술되어야 할 필연성이 있는 것일까?

결국 이러한 문제는 『실록』의 기사보다는 정도전 자신의 기술에 의거해서 재구성되어야 마땅할 것이다. 우선 삼봉 자신이 이러한 문제에 관하여 구구한 변명이나 특별한 멘트가 없는 것은, 아픈 상처를 숨겼다기 보다는 그의 사후에 날조된 정보라서 삼봉 자신이 생전에 의식할 겨를이 없었던 결과일 수도 있다. 단지 그가 자기 아버지 행장을 쓰는 말미에(高麗國奉翊大夫檢校密直提學寶文閣提學上護軍榮祿大夫刑部尙書鄭先生行狀) "是年冬, 十二月十八日, 夫人禹氏卒, 附之, 榮州士族散員淵之女也。"(이해 겨울 12월 18일에 부인 우씨가 돌아가서 부장하였는데, 부인 우씨는 영주의 사족인 산원 우연의 딸이다)라는 언급만 있다. 이 짧은 언급에서 우리는 다음의 두 가지 사실을 해석해낼 수 있다.

첫째 정도전의 외할아버지의 이름이 우연(禹淵)이며, 이 우연은 『실록』에 나오는 우연(禹延)과는 전혀 다른 인물일 수도 있다. 둘째, 우연(禹淵)은 영주사족(榮州士族)이며 산원(散員)이라는 벼슬을 하였다. 다시 말해서 우현보계열의 단양우씨(丹陽禹氏)와는 다른 영주우씨(榮州禹氏)로서 그 혈통 계보가 다르다고 보아야 한다. 당시에는 단양우씨 외로도 목천우씨, 예천우씨, 영주우씨(고려조에는 강주우씨[剛州禹氏]로 불리웠다) 등 다양한 본이 있었다. 이들이 정도전의 몰락과 함께 같이 몰락해버리고 후에 단양우씨만 번창했기 때문에 우씨하면 단양우씨 일문으로 취급하기 쉬우나 정도전의 외가 우씨는 단양우씨와는 같은 혈족이 아니라는 사실을 명심할 필요가 있다. 동방의 주자라 일컫는 문성공 안향(安珦)이 바로 이곳 흥주(興州: 영주군 풍기) 사람이요, 그 어머니가 강주우씨였다. 그리고 정도전의 아버지 정운경의 외삼촌 안분(安奮)이 1307년 장원급제를 한 사람으로 근재(謹齋) 안축(安軸)과 함께 이름을 드높이 날린 순흥안씨들이다. 그러니까, 정도전의 아버지 외가는 순흥안씨요, 자신의 외가는 영주우씨요, 부인은 경주최씨요, 또 여동생은 평해황씨 황유정(黃有定)에게 시집갔다. 매제 황유정의 아버지는 성균사예(成均司藝) 황근(黃瑾)이요, 그 선대가 모두 중앙의 큰 관직을 지낸 거족이다. 이런 정황으로 볼 때, 정도전을 이름도 모르는 승려가 사노(私奴)의 부인과 간통하여 난 딸의 외손자로 휘모는 것은 아무래도 석연치 않다. 리얼리티에 근접된 역사기술로 간주되기 어렵다.

6) 정도전은 태조 원년, 정치적 실권을 장악하면서 반혁명세력을 처단한다. 이때 우현보의 세 아들 우홍수(禹洪壽)·우홍득(洪得)·우홍명(洪命)은 곤장 100대를 맞고 죽는다. 『실록』은 우홍수 3형제를 처단한 일을 가리켜 "道傳欺罔上聰, 以報私憾."(정도전이 임금의 총명을 흐리게 하고 기만하여 사감을 갚았다)라고 기술하고 있으며, 이러한 맥락 속에서 정도전의 출생의 문제까지 언급하고 있다. 그런데 과연 이러한 문맥 속에 삽입된 정보가 정당한 역사기술로서 받아들여질 수 있는 것인가 하는 문제는 계속 의문의 여지가 남는다. 우현보의 맏아들은 우홍수다. 우홍수는 아들 넷을 두었는데, 성범(成範), 승범(承範), 흥범(興範), 희범(希範)이다. 그런데 이 중 성범이 공양왕의 부마가 되었다. 이 단양우씨는 고려조에서 출세한 명문거족이므로 당연히 조선왕조의 개혁세력과는 물과 기름처럼 어우러질 수 없는 숙적들이었다. 우씨 삼형제의 처단은 결

국 수구세력의 척결이라는 의미 이상을 갖지 않는 정치적 사건일 뿐이었다. 이것을 정도전의 쌓인 사감·원한의 보복으로 간주하는 것은 좀 이해하기 어렵다.

따라서 정도전의 생애를 이야기할 때 지나치게 외가혈통콤플렉스라는 측면을 강조하여 그의 내면적 좌절과 기복을 설명하는 것은, 위인의 한 요소로서 그럴듯한 드라마는 될 수 있으나, 왜곡된 사료에 의하여 우리자신이 왜곡당하는 우가 될 수도 있다. 파우어 께임에서 불의의 죽음을 당한 정도전을 역사에 불명예스럽게 남길 수 있는 가장 효과적인 방법은 첫째는 그를 역모의 주동자로 모는 것이요, 둘째는 그의 혈통을 비하시키는 것이다. 나의 이러한 지적에 여러 견해가 제출될 수도 있으나, 나는 단지 삼봉 정도전에 관한 사료를 종합적으로 검토해볼 때, 기존의 사료해석에 하자가 발견될 수도 있다는 것을 상기시키는 것뿐이다. 억울하게 죽은 것만 해도 억울한데 혈통까지 억울하게 비하되는 것은 참으로 억울한 일이다. 내가 생각컨대, 우연(禹延)이라는 캐릭터는 픽션이거나, 단양우씨 주변에서 맴도는 뜬소문 하나를 가공하여 하륜이 우씨들의 죽음을 설명할 때 삽입한 것으로 보인다. 그리고 삼봉의 탄생을 단양지역과 관련짓는 모든 설화도 후대의 픽션으로 해석될 수 있는 여지를 남긴다.

그리고 특기할 것은 정도전의 삶과 밀접한 관계에 있는 순흥안씨, 영주(강주)우씨, 그리고 봉화정씨의 혈한(血恨)의 비극적 역사도 아울러 기억해야 한다는 것이다. 이들 모두가 단종의 폐위에 반대하고 이 지역으로 유배당했다가 그 복위를 꾀하려 세조에게 반기를 든 금성대군(錦城大君)의 의거에 가담하였던 것이다. 영주 사족의 씨가 말랐다 할 정도로 수천명이 도륙당한 그 불행한 역사를 지금도 유유히 흐르고 있는 죽계천이 증언하고 있다. 죽계천에 흘린 피가 7km나 뻗쳐 멈추었다 했는데, 그곳에 지금도 "피끝마을"이라는 지명이 남아 있어 그 생생한 혈흔을 더듬어 볼 수 있다. 바로 그곳 안향이 수학한 숙수사(宿水寺)터에 주세붕의 백운동서원이

은 사료비평상 해석의 여지가 있어 항상 논란의 대상이 되어
왔다.7) 이러한 사료의 재해석은 결과적으로 정도전이라는 역

섰고, 퇴계 이황이 명종으로부터 편액을 받아 소수서원(紹修書院)
으로 개명하면서 우리나라 최초의 사립대학이 되었고 조선조 성리
학의 학통이 수립되었다. 우리가 상기해야 할 사실은 바로 세종의
6째 아들이었던 금성대군이 정도전과 함께 죽은 조선왕조 최초의
세자 방석(芳碩)의 봉사손이었다는 것이다. 조선역사에 면면히 흐
르고 있는 충절과 기개의 이면의 전체상을 조감하면서, 입을 열 수
없었던 이들의 냉가슴도 정사로서 재조명해야 할 것이라고 나는
감언(敢言)하는 것이다.
7) 삼봉의 요동정벌 즉 공요(攻遼)에 관한 문제도 사료비판의 대상이
되고 있다. 이 공요플랜에 관한 직접적 사실의 기재 또한 모두 『실
록』에 근거한 것인데, 이러한 『실록』의 기술방식이 과도하게 그의
실각의 직접 · 간접적 원인을 정당화하는데 쓰인 것이라는 지적이
다. 최근 박홍규(고려대학교 아세아문제연구소)가 쓴 논문, "정도
전의 '攻遼' 계획 재검토: 정치사상의 입장에서"(제1회 三峰學 학
술회의 자료집, pp.55~82)는 바로 이러한 새로운 사료해석의 입
장을 견지하면서 정도전의 공요는 실제적인 공벌계획이었다기 보
다는 국내 사병혁파를 위한 전술적 차원의 블러핑(bluffing)일 뿐
이었다는 것을 주장하고 있다. 박홍규가 사료왜곡의 가능성을 주장
한 것은 매우 참신한 지적이지만 그의 주장은 다음의 두가지 측면
에서 그 논리를 관철시킬 수 있는 힘을 얻기에는 역부족이다.
첫째는 박홍규의 주장은 100% 수용한다 하더라도, 다시 말해서
그 전술적 차원을 100% 수용한다 하더라도, 공요의 가능성이 여
전히 리얼한 것으로 남는다. 그것은 어디까지나 가능성을 위한 준
비였고 실제로 가능성으로 그치고만 사건이기 때문이다. 둘째, 그
의 주장의 배면에 일관되게 깔려있는 논리, 즉 정도전은 사대주의
자라고 하는 규정은 비록 외교적 차원의 현실감각으로서 긍정적인

사적 개인의 실상에 더욱 가깝게 다가가려는 노력일 뿐이다. 그러므로 그 해석의 지평은 개방될 수밖에 없다. 구설의 권위만을 고집할 필요도 없다. 그리고 또 신설이 구설을 부정하는 것만도 아니다. 열려진 지평 속에서 우리의 정도전 상은 보다 다양한 해석을 바탕으로 리얼하게, 복합적으로 구성되어 가야 할 것이다.

본서는 정도전의 사상이 잘 나타나 있는 몇 가지 원전에 대한 주석을 통하여 삼봉의 바른 이미지를 구축하는 것을 목적으로 삼는다. 따라서 그의 생애에 관한 역사적 사실보다는

---

해석을 내린다 할지라도, 공요와 양립불가능하다고 말할 수 있는 논리적 근거가 되기는 어렵다. 삼봉이 사대(事大)의 현실감각을 소유한 인물이라 할지라도 그의 생애 전체를 관통하고 있는 것중의 하나가 상무(尙武)정신이며, 건국초기에 그가 가장 힘쓴 분야가 군사문제였기 때문에, 공요를 단순한 전술적 허세로 보기에는 그의 생애에 관계된 모든 정보들이 『실록』의 부정적 기술과는 무관하게 공요의 실제적 가능성을 뒷받침해주고 있다. 그리고 당시의 공요는 왕조교체의 허점이 많은 전환기에 있어서는 황당무계한 발상이 아니었을 뿐 아니라, 역사적 체험이 축적된 리얼한 계산에서 나온 플랜이었을 수도 있다. 하여튼 정도전의 공요는 내우·외환 양측면을 포괄하는 전술·전략으로서 파악될 수밖에 없으리라고 본다. 정도전이 살아남아 실제로 공요가 시행에 옮겨졌더라면 비록 참패를 당했을지라도, 조선왕조는 문약(文弱)에서 벗어나 보다 국제적인 감각을 지닌 정체(政體)로서 발전했을 가능성이 높다.

그의 생각의 구조의 분석에 역점을 두고 있다. 정도전 사상에 관한 연구, 특히 그의 원전에 관한 세밀한 탐구가 빈곤한 상황에서 학인들을 위한 참고자료가 되기를 희망한다.

정도전은 하나의 사상가로서 보다는 개혁적 정치가로서 주로 역사학 분야에서 취급되어 왔다. 한영우를 비롯한 역사학자들은 암암리 그의 사상적 성취를 정치개혁의 이데올로기의 도구로서 그 종속적인 성격만을 부각시켰다.[8] 그러나 그의 생애를 면밀히 검토해 보면 그는 사회개혁자로서 정치적 감각을 먼저 키운 것이 아니라 새로운 패러다임 속에 이루어진 학문적 언어 속에서 새로운 사유(New Thinking)를 먼저

---

8) 물론 한영우선생은 정도전사상의 총체적 의의를 충분히 파악하고 있다. 그러나 그가 정도전의 체계에 있어서 사상의 종속적 위치를 강조한 것은 사실이다: "정도전의 배불적 성리철학사상은 그의 사회·경제·윤리사상의 종속적인 위치에 있다고 할 수 있다. 즉 그가 성리철학자였기 때문에 진보적 사회개혁사상가가 되고 배불주의자가 되었다기보다는, 반대로 진보적 사회사상가였기 때문에 성리학자가 되었고 열렬한 배불주의자가 되었던 것이다. 따라서 우리가 정도전의 사상체계를 이해하려고 할 때, 그의 철학사상, 이를테면 본체론이나 인식론·심성론 따위에 일차적인 의의를 부여하기 어려운 점이 여기에 있다.···그의 철학사상은 인성론이나 윤리사상을 이론적으로 뒷받침하기 위한 종속적 의미가 강한 것으로, 아리스토텔레스적인 제1철학의 의미를 부여하기는 어렵다." 한영우, 『왕조의 설계자 정도전』(서울: 지식산업사, 1999), pp.292~3.

삼봉 정도전의 건국철학

성숙시켰다. 그것이 조솔(粗率)한 것이든 정교한 것이든지 간에 그것은 매우 창조적인 작위(作爲)였으며, 후대의 정치(精緻)한 세론(細論)이 따라갈 수 없는 포괄적인 작업이었으며, 새로운 왕조의 우주론적·인식론적 기저를 구축하는 작업이었다. 이것은 재래 역사학도들의 주장을 부정하는 성격의 언급이 아니라 그 주장의 본래의도를 보다 풍부하게 만드는 보완적 언급으로 이해되어야 마땅하다. 그의 철학사상과 정치·경제·사회사상은 필연적으로 변증법적 관계에 있을 수밖에 없는 것이나, 우리는 그의 철학사상 쪽에 무게를 두는 방향에서 삼봉학의 관점을 이동시켜볼 때 보다 생산적인 조선사상사의 이해방식이 성립할 수도 있다는 것이다. 다시 말해서 정도전의 철학사상은 이미 번쇄한 제도적 실천까지를 포섭하는 획기적 패러다임을 구축하고 있으며, 그것은 조선사상사의 모든 문제의식의 기초적 카테고리를 이미 다 만들어 놓은 것이다. 다시 말해서 정치개혁을 위한 이데올로기적 수단으로 그의 사상체계를 급조한 것이 아니라, 그의 사상적 패러다임이 성숙해가면서 정치개혁에 대한 확신도 변증법적으로 깊어져 갔다고 보아야 할 것이다. 조선유학사의 기초적 틀이 퇴계(李滉)나 이언적(李彦迪)으로부터 시작한 것이 아니라 이미 삼봉으로부터 본격적으로 시작된 것으로 보아야 한다. 여말의 성리학의 이해의 수준이 일반적으로 상정하는 것보다는 훨씬 이론적으로 심화되어 있었다.[9] 고려말의 지적 풍토는 유·불·도의 호상적 금기가 부재한 자유로운 분위기였으며 세련된 불교 형이상학의 깊이가 축적된 사유의 세계였다.

이념적 확신이 없는 제도적 개혁은 반드시 실패한다. 삼봉은 결코 실패한 혁명가가 아니다. 그는 조선왕조를 개창한 성공한 정치가요 사상가였다. 레닌이 맑시즘에 대한 확고한 자기류의 해석을 완성함으로써 볼쉐비키혁명에 성공할 수 있었던 것과 마찬가지로, 삼봉은 우선 주자학에 촉발받아 이념적인 혁명의 틀을 완성함으로써 조선왕조의 개창이라는 눈부신 업적을 이룩할 수 있었다. 그러한 맥락에서 정도전의 배불론의 새로운 역사적 의의를 조준(趙浚)의 전제개혁과 대비해 가면서 천착해들어간 이익주(李益柱, 서울시립대)의 논문은 주목할만하다.[10]

---

9) 사계의 개척적 저술인 裵宗鎬의『韓國儒學史』가 너무 삼봉의 학설을 판에 박힌 주자사상의 답습으로 이해하고 독창적인 것은 찾아볼 수 없다고 규정한 것도 삼봉학이 외면당한 중요한 이유의 하나일 것이다. 배종호 저,『한국유학사』(서울: 연세대학교출판부, 1974), p.59.

삼봉 정도전의 건국철학

요즈음 우리는 혁명이라는 말을 많이 쓴다. 아마도 최근 우리가 쓰는 단어중에서 혁명이라는 말이 들어간 3사건을 들라면 1) 동학혁명 2) 4·19혁명 3) 5·16혁명을 들 수 있을 것이다. 그러나 엄밀한 의미에서 1과 2의 경우 혁명이라는 말을 쓸 수 없다. 혁명은 반드시 그 운동을 이끌어간 사람들이 새로운 정체의 주체세력으로서 역사를 개창해야 하는데 동학혁명은 좌절된 운동일 뿐이며 조선왕조의 명운(命運)을 종료시키는데 도움은 주었을지언정 새로운 시대를 주체세력으로서 개창하지는 못했다. 그 새로운 시대정신을 창도했다는 의미에서만 우리는 "혁명"이라는 율로지(eulogy)를 헌정할 뿐이다. 4·19혁명 또한 그 주체세력인 학생이 새로운 정권을 창출해내지는 못했다는 의미에서 반혁명(半革命)으로 그친 사건이었다. 정치사적인 결과를 가지고 말한다면 혁명이라는 단어를 쓸 수 있는 단 하나의 사건은 제3의 5·16혁명이라 말할 수 있을 것이다. 그러나 박정희의 5·16혁명과 정도전·이성계의 혁명은 매우 성격이 다르다.

첫째, 5·16혁명은 그 혁명의 원동력이 이미 4·19혁명에

10) 이익주, "고려말 정국에서의 정도전의 정치적 위상,"『정치가 정도전의 재조명』(제1회 삼봉학 학술회의자료집, 2003), pp.28~51.

서 성숙되어 있었던 것이다. 5·16혁명의 주체세력은 결코 민중과 역사에 내재하는 변화의 힘을 표출해낸 주체세력이 아니었다. 그들은 단지 4·19혁명이 피흘려 이룩한 업적을 바톤 탓치했을 뿐이다. 따라서 5·16혁명은 혁명의 내용이 없는 형식만의 권력이양이었다. 5·16혁명은 단순한 정권변화를 일으킨 쿠데타에 불과한 사건이었다. 5·16이라는 역사적 사건에 혁명성을 부여하려고 한다면, 이념적 굴절 속에서도 그것이 일으킨 사회변화, 경제적 삶의 양식의 근원적 변화와 같은 후대의 발전적 성격에서 찾을 수 있을지는 모르겠으나, 그 오리지날한 혁명성의 가치는 오히려 좌절된 4·19학생의 거로 집약되는 것이다. 5·16혁명에 비한다면 이성계의 혁명은 기나긴 역사의 과정에서 내재적으로 성숙된 온전한 역성혁명이었다. 다시 말해서 고려 역사 내부에서 온축되어온 힘을 표출시킨 정치적 필연이었다.

둘째, 5·16혁명은 정권쟁취의 기회포착일 뿐이었으며 진정하게 그들이 살고 있는 사회를 개혁하려는 프로그램을 가지고 있지를 못했다. 다시 말해서 사회개혁의 철학보다는 정권쟁취의 타이밍판단이 앞선 행위의 소산일 뿐이었다. 그러나 이성계의 혁명은 새로운 왕조의 개창에 목적이 있었던 것이 아니었다. 그것은 어디까지나 고려말기의 사회개혁을 목표로 한 새로운 지식인들의 운동이었으며, 그러한 개혁의 끝임없는 좌절이 결국 그들을 새로운 왕조의 개창으로 휘몰아 갔을 뿐이다. 따라서 조선왕조의 성립은 세계 정치사상 유례가 드문 평화적 왕조교체였으며, 그것은 어디까지나 사회개혁 프로그램이 결과적으로 유도해 낸 사건일 뿐이었다. 그들의 개혁이 건국을 전제로 한 것은 아니었으며, 결국 개혁의 완결을 위하여 건국이 나타났던 것이다.11) 이 전 과정을 가장 드라마틱하게 구현해낸 삶이 곧 정도전의 삶이었다. 따라서 정도전에게 있어서는 삶의 철학이 정권의 갈취보다 앞서는 것이었다. 인간이 어떻게 살아야만 올바르게 사는 것이냐 하는 인간론적 물음(anthropological questions)이 정도전을 집요하게 지배했다. 그의 철학은 바로 이러한 물음의 소산이다. 우리는 정도전을 단순히 주자학자라든가 성리학자라는 진부한 카테고리에서 보아서는 안된다. 정도전에게 있어서 성리학이란 그의 개혁프로그램의 욕구를 충족시켜주는 새로운 사유의 체계(a new thought system)일 뿐이었으며, 그것이

---

11) 이러한 논지는 한영우의 글, "朝鮮王朝의 政治・經濟基盤,"『한국사』(서울: 국사편찬위원회, 1984), 제9권, p.17에 잘 서술되어 있다.

제1장 정도전 그는 누구인가?

그의 사유를 구속할 수 있는 권위를 지닌 어떤 레바이아탄이 아니었다. 따라서 그의 철학자체가 성리학의 도입이나 완성을 목표로 하는 것이 아니라 그의 현실을 개혁하는 프라그마로서의 독창적인 체계를 정립하는데 주안점을 두고 있었던 것이다. 그의 배불론도 주자학적 불교비판이라기 보다는 그러한 관점을 활용한 정도전의 독창적인 사상체계로서 인식되어야 하는 것이다. 본 서가 그러한 정도전의 독창성과 우리 민족의 고유한 문제의식을 부각시키는데 일조할 수만 있다면 더 바랄 것이 없다. 나 도올은 오로지 정도전을 통해서만 정도전을 말할 것이다. 以三峰論三峰 !

제2장

# 조선경국전(朝鮮經國典)

  다음은 그가 태조 3년 3월(1394, 53세) 찬진한 『조선경국
전』의 총론에 해당되는 「정보위正寶位」를 해석한 것이다. 이
『경국전』 「정보위」는 우리나라 최초의 성문화된 헌법이라
할 수 있는 것이다. 『경국전』은 『주례』의 시스템을 따라 6
전(六典)체제를 갖추었다. 그러나 그 6전 앞에 경국의 총론으
로서 정보위(正寶位)·국호(國號)·정국본(定國本)·세계(世
系)·교서(敎書)의 5개 항목을 설(設)하였다. 그 중에서도 정
도전이 생각한 국가의 최기본철학을 드러낸 항목이 정보위
(正寶位)이니, 이것은 오늘날 헌법에 해당되는 상위규범이라

할 것이다. 6전의 체제가 이 정보위의 철학을 기준으로 삼아 이루어진 것이다.

『주례周禮』는 전통적으로 삼례(三禮)의 일서(一書)로서 간주되어 왔으나, 사실 그것은 엄밀한 의미에서 례(禮)가 아니다. 그것의 본명은 『주관周官』이었다. 『주관』이 『주례』로 개명된 것은 한나라(前漢)가 멸망하던 해, 초시(初始) 1년(AD 8년)의 사건이었다. 그것은 완전히 정치적 요구에 의거한 것이었다. 『주관』이란 주(周)나라의 관료제도를 의미하는 것이다. 그러나 여기 "주나라"라는 것은 특정한 구체적 대상이 없다. 따라서 "주관"이란 실제적으로 이상적 국가 관료체제(ideal bureaucracy)라는 뜻이 된다. 특정한 나라를 대상으로 하지 않은 채, 정교한 국가체제를 구상한다는 것은 매우 관념적인 행위이며, 이것은 고도의 추상적 사유의 발달이 없이는 불가능한 것이다. 다시 말해서 순수하게 체제(institution)를 통하여 철학(philosophy)을 표현한다는 것은 매우 천재적 발상이며, 국가사회의 구체적 체험을 전제로 하지 않고는 불가능한 것이다. 더구나 『주관』의 내용은 한대(漢代)의 국가체제의 체험이나, 전국(戰國)에서 전한(前漢)대에 걸치는 음양오행이나 여러 상수학적 사유, 그리고 천인상응론적 도식이 없이는 불가능한 것이다. 따라서 나는 『주관』이 신(新)왕조를 개창한 왕망(王莽, BC 45~AD 23)의 손에서 지어지기 시작하여 왕망의 국사로 일했던 유흠(劉歆)에 의하여 완성된 것이라는 서복관(徐復觀)선생의 학설을 설득력있는 정설로서 수용한다.[12] 이 『주관』은 왕망이라는 인물의 혁명구상도이다. 실제로 왕망은 자기가 지은 『주관』의 구도에 따라 새롭게 개창한 국가의 모습을 전대와 다르게 재구성(restructuring)하려고 노력했다. 왕망을 역사에서 흔한 폭군의 일인으로 비하해버리지만 사실 그는 자기관념에 사로잡혀 있는 매우 영리한 유토피아적 사상가였다. 그러나 삼봉은 결코 이러한 『주관』의 유토피아적 망상에 사로잡히지는 않았다. 삼봉은 『주례』에서 실현가능한 구조와 의미만을 취하였다. 삼봉과 왕망 사이에는 많은 유사점이 있지만, 삼봉은 철저한 리얼리스트였고, 왕망은 철저한 아이디알리스트였다. 삼봉의 리얼리즘은 500년을 지탱했지만, 왕망의 아이디알리즘은 15년밖에 지속하지 못했다.

---

12) 『주관』에 대한 매우 포괄적인 이해를 돕기 위하여 나는 국사학계의 사람들에게 서복관선생의 명저를 꼭 추천하고 싶다. 『주관』이라는 문헌이 과연 어떠한 시대상황에서 어떠한 의도로 지어진 것인지, 그 실제적 과정을 매우 치밀하게 분석하고 있다. 徐復觀, 『周官成立之時代及其思想性格』, 臺北: 學生書局, 1980.

『주관』은 왕제(王制)를 말하고 있지만, 그것은 오직 관(官)을 말하며, 왕(王)을 말하지 않는다. 『주관』의 왕은 허위(虛位)이며 허군(虛君)이다. 그 실위(實位)와 실군(實君)은 관(官)을 총괄하는 천관총재(天官冢宰)의 몫이다. 『주관』의 첫머리인 천관총재 제1에는 다음과 같은 구절이 나온다.

> 惟王建國, 辨方正位, 體國經野, 設官分職, 以爲民極。
> 乃立天官冢宰, 使帥其屬而掌邦治, 以佐王均邦國。

> 대저 왕이 나라를 세움에, 그 방향을 변별하고 모든 위치를 바르게 해야한다. 그 나라의 국토를 체화하여 성내와 교외의 경역을 잘 분획해야 한다. 그리고 관료를 설치하고 그 직책을 효율적으로 분담시켜 민극(民極)을 확립해야 한다. 이에 천관총재를 세워 모든 관료를 그에게 속하게 하여 통솔케하고, 나라의 다스림을 관장케 한다. 그리하여 왕을 보좌케 하고 나라를 균등하게 한다.

사실 정도전의 모든 정치철학이 이 『주례』의 첫머리에 다 구현되어 있다고 해도 과언이 아닐 것이다. 삼봉은 바로 이 『주례』의 첫머리에서 허허벌판에 새로운 국가를 다시 세우는 꿈을 키웠을 것이다. 『주례』는 분명 건국(建國)의 이념이

삼봉 정도전의 건국철학

요 철학이었다. 삼봉은 이 『주례』의 첫 말에 따라 방위를 변별하고 궁실의 위치를 바르게 잡았으며(백악白岳을 주산主山으로 해서 남면南面), 좌묘우사(左廟右社)를 세우고 한양의 도성을 만들어 체국경야(體國經野)했던 것이다. 그리고 설관분직(設官分職)하여 민극(民極, 민의 합리적 질서)를 확립하였는데 그핵심은 왕권을 제약하는 재상(宰相)제도의 확립이었다. 나라를 실제로 장악하여 다스리는 것은(掌邦治) 왕의 몫이 아니요, 천관총재 즉 재상의 몫이다. 그는 왕을 보좌(佐王)하여 방국을 균하게 한다(均邦國). 여기 균(均)이라는 의미가 매우중요하다. 삼봉의 가슴을 사로잡은, 국가질서의 가장 중요한 테마는 바로 이 균(均)이라는 한 글자였다. 그것은 평등주의적 이상(egalitarian ideal)이었다.

『주관』은 관직을 천·지·춘·하·추·동으로 나눈다. 천관(天官)이 곧 총재(冢宰)며 치전(治典)을 담당한다. 지관(地官)이 곧 사도(司徒)며 교전(教典)을 담당한다. 춘관(春官)이 곧 종백(宗伯)이며 예전(禮典)을 담당한다. 하관(夏官)이 곧 사마(司馬)이며 정전(政典)을 담당한다. 추관(秋官)이 곧 사구(司寇)이며 형전(刑典)을 담당한다. 동관(冬官)이 곧 사공(司空)이며 사전(事典)을 담당한다. 삼봉은 이 건방의 6전(建

邦之六典) 중에서 교전(敎典)은 부전(賦典)으로, 형전(刑典)은
헌전(憲典)으로, 사전(事典)은 공전(工典)으로 바꾸었다. 그
명칭부터 애매한 『주관』의 추상성을 떨쳐버리고 구체적 현
실의 기능적 명칭으로 바꾸어버린 것이다.

| 周官之典 | | | | 朝鮮經國典 |
|---|---|---|---|---|
| 天官 | 冢宰 | 治典 | 經邦國 | 治典 |
| 地官 | 司徒 | 敎典 | 安邦國 | 賦典 |
| 春官 | 宗伯 | 禮典 | 和邦國 | 禮典 |
| 夏官 | 司馬 | 政典 | 平邦國 | 政典 |
| 秋官 | 司寇 | 刑典 | 詰邦國 | 憲典 |
| 冬官 | 司空 | 事典 | 富邦國 | 工典 |

　　『주관』에서는 관료제도를 천·지·춘·하·추·동이라
는 자연의 질서와 상응되는 이상적 인간의 질서로 보았다.
이것은 음양오행적 사유를 전제로 한 것이다. 그러나 삼봉은
이러한 관제의 존재론적 정당성이나 상수학적 측면에 큰 관

심을 보이지 않았다. 오로지 천관총재라는 재상직의 특수한 기능에 착안했을 뿐이다. 그리고『주관』은 근원적으로 인민의 삶을 제도적 장치를 통해 철저히 통제하려 한다. 인민의 통제의 효율적 방법이 막연한 도덕적 규범이 아니라 구체적 제도, 즉 관의 질서를 통해서만 가능하다는『주관』의 기본 철학을 삼봉은 날카롭게 간파하고 수용했던 것이다.

『주관』은 유교가 가장 성행하던 시대에 태어났지만, 그 기본적 철학은 지극히 법가적이다. 유가적 신념은 별로 찾아 볼 수가 없다. 그것은 중농억상(重農抑商)의 기본정책을 기 조로 하며, 경제・군사・형법・교육의 질서에 있어서 균 (均)의 이상에 접근하려는 노력이 있다. 삼봉은 이러한『주 관』의 사상에서 큰 계발을 받았음에 틀림이 없다. 그러나 삼 봉은『주관』이 지나치게 제도를 통해서만 인간의 모든 문제 를 지배하려는 생각에 찬동하지 않는다. 보다 인간적인 인 (仁)의 질서, 즉 보이지 않는 사회의 도덕질서가 제도의 배면 에 깔려있지 않다면, 아무리 위대한 질서라도 그 효용을 발 휘할 수 없다는 것이다. 바로 그의 이러한 유가적 신념을 토 로한 것이 이 정보위(正寶位)라는 문장이다.『조선경국전』은 그런 의미에서 유가와 법가의 철학을 창조적으로 결합한 것이다. 아마도 그 창조적 결합의 요체는 왕으로부터 서인(庶人)에 이르기까지 끊임없는 교육을 통하여 달성되는 그 무엇일 것이다. 조선왕조가 실제로 가장 힘쓴 것은 인간의 교육이었다.[13]


**원문** 易曰:「聖人之大寶曰位, 天地之大德曰生, 何以守位曰仁。」天子享天下之奉, 諸侯享境內之奉, 皆富貴之至也。賢能效其智, 豪傑效其力。民庶奔走, 各服其役, 惟人君之命是從焉。以其得乎位也, 非大寶而何!


**번역** 『주역』에 다음과 같이 말하였다: "성인의 큰 보배는 위(位)요, 천지의 큰 덕은 생(生)이다. 무엇으로써 그 위를 지킬까보냐? 말하기를 인(仁)이다." 천자는 천하사람들의 받듦을 향유하고, 제후는 국경내 사람들의 받듦을 향유하니, 이 모두가 부귀의 지극함이다. 현능한 자

---

13) 본서에서 활용한 『삼봉집』은 서울대학교 규장각에 소장되어 있는 태백산본(太白山本)이다. 그것은 정조 15년에 왕명으로 간행된 것이며 대구에서 개간하였기에 대구본(大邱本)이라고도 한다. 민족문화추진회의 韓國文集叢刊영인본(5)를 썼다.

삼봉 정도전의 건국철학

들이 그 지혜를 바치고, 호걸들은 그 힘을 바치며, 일반 서민들은 분주히 살며, 그 맡은 바 직분에 복무하되, 오직 인군의 명령에만 따를 뿐이다. 이것은 위를 얻었기 때문이니, 큰 보배가 아니고 무엇이랴 !

해석 제일 먼저 인용한 『주역』의 말은 「계사繫辭」 하 제1장에 있는 말이다. 그 전문을 인용하면 다음과 같다: "천지지대덕왈생天地之大德曰生, 성인지대보왈위聖人之大寶曰位。하이수위왈인何以守位曰仁, 하이취인왈재何以聚人曰財。" 「계사」의 원문과 삼봉의 인용문을 대조해보면 놀라웁게도 양자간에 절묘한 변형이 있는 것을 발견하게 된다.

"천지지대덕왈생天地之大德曰生"과 "성인지대보왈위聖人之大寶曰位"는 하나의 짝을 이루고, "하이수위왈인何以守位曰仁"과 "하이취인왈재何以聚人曰財"는 또 한 짝을 이룬다. 그래서 이 병문(駢文)의 대(對)는 함부로 끊거나 변경해서는 안 된다. 그리고 천지가 성인에 앞서있는 「계사」 원문의 구조는 지당한 것이다. 천지의 외연 속에 성인이 들어오는 것이기 때문이다. 그런데 삼봉은 과감하게 성인을 천지에 앞세웠다.

그리고 후반의 병문에서 "하이취인왈재"를 잘라버렸다. 그래서 삼봉은 "위(位)—생(生)—인(仁)" 삼자를 그냥 대등한 관계인 것처럼 병렬시켰다. 삼봉은 지금 천지(天地)를 말하려는 것이 아니라 천하(天下) 즉 인간세를 말하려는 것이다. 건국의 주체는 어디까지나 성인(聖人) 즉 이상적 정치인(Ideal Ruler)이다. 이 이상적 정치인에게 가장 중요한 것은 위(位)라는 것이다. 이 위라는 개념은 포지션(position)과 그 포지션에 내포되는 권위 즉 세(勢, authority)를 포괄한다. 성인 즉 군주는 위가 확보될 수 있는 한에 있어서만 군주일 수 있는 것이다. 모든 인간이 충성을 바치는 이유가 곧 위(位)라는 것이다. 그런데 이 위는 무엇으로 확보되는가? 그 위는 곧 인(仁)으로만 확보된다는 것이다. 그는 이 인이라는 개념의 중요성을 강조하기 위하여 「계사」원문의 재(財)를 잘라버렸던 것이다. 위(位)는 법가적인 것이며 인(仁)은 유가적인 것이다. 위는 치자의 입장을 대변한 것이고 인은 피치자의 입장을 대변한 것이다. 이 법가적인 위와 유가적인 인, 다시 말해서 정치적 권력(Legalistic political authority)과 민중의 도덕성(Confucian civic virtue), 이 양자야말로 건국의 양대기둥이라고 삼봉은 본 것이다. 이 양대기둥이야말로 자기들이 개창한 조선왕조의 헌정질서의 기본이라고 생각한 것이다. 그리고 이 양자를 연결하는 것이 하늘과 땅, 즉 인간세를 포섭하는 천지자연의 끊임없는 대덕(大德)인 생(生)이라고 본 것이다. 생이란 창조적 진화(Creative Advance)를 말하는 것이며, 정적이 아닌 동적인 과정(Dynamic Process)을 말하는 것이다.

| 법가적 | 연결적 | 유가적 |
|---|---|---|
| 위位 | 생生 | 인仁 |
| Power | Creativity | Morality |

판본에 따라서는 「계사」의 원문이 "하이수위왈인何以守位曰人"으로 되어 있는 것도 있다. 그러나 정도전은 "인人"을 쓰지 않고 "인仁"을 썼다. 이상에서 볼 수 있듯이 삼봉은 중국의 고전을 자신의 필요에 따라 창조적으로 재해석했음을 알 수 있다.

**원문** 天地於萬物，一於生育而已。蓋其一元之氣，周流無間，而萬物之生，皆受是氣以生。洪纖高下，各形其

形, 各性其性。 故曰天地以生物爲心, 所謂生物之心, 卽
天地之大德也。

**번역** 천지가 만물을 대하는 것은 그 생육에 있어 한결
같을 뿐이다. 대저 일원(一元)의 기가 끊임없이 주류(周
流)하며, 만물이 태어나는 것도 모두 이 기를 받아 생성
되는 것이다. 어느 것은 굵고, 어느 것은 가늘며, 어느
것은 높고, 어느 것은 낮으니, 모두 제각기 다른 형태를
지니고, 제각기 다른 본성을 갖게 된다. 그래서 말하기
를 천지는 만물을 생하는 것으로써 마음을 삼는다 한 것
이다. 이때 만물을 생하는 마음이 곧 천지의 큰 덕이라
는 것이다.

**해석** 이 대목은 바로 위(位)와 인(仁)의 연결고리인, 천지의
대덕, 즉 생(生)을 보다 디테일하게 설명한 것이다. 천지의
특징은 곧 만물을 생성한다는 데 있다. 그런데 이 천지의 본
모습은 일원지기(一元之氣)의 주류(周流, 보편적 흐름)이다. 그
러니까 천지의 현상론적 근거를 말할 때는 역시 리(理)가 아
닌 기(氣)를 말한다. 이 우주가 곧 기의 흐름이기 때문이다.

이 기는 차별의 원리이다. 이 기의 취·산의 다양한 형태에 따라 제각기 다른 형태와 본성을 지닌 존재물이 형성되는 것이다. 삼봉이 말하는 천지는 죽은 천지가 아니요, 살아있는 천지다. 유기체적 우주(organic universe)인 것이다. 그래서 천지는 마음을 가지고 있다. 그 마음이란 무엇인가? 곧 만물을 생성한다는 것 그 자체가 천지의 마음인 것이다. 그것이 곧 천지의 큰 덕인 것이다. 그가 왜 이 말을 하는가? 그것은 그가 "천지지생물지심"이야말로 인(仁)이라고 생각하기 때문이다. 다시 말해서 치자가 치자의 위를 보지할 수 있는 것은 바로 천지가 끊임없이 만물을 생성하듯이, 인간세의 모든 시스템이 끊임없이 작동되어 문명이 생성될 수 있도록 인한 마음을 지닐 수 있을 때만 가능한 것이라고 생각하기 때문이다. "일원지기一元之氣"는 원문에 "일원지기一原之氣"로 되어있다. 명태조 주원장(朱元璋)의 이름을 휘(諱)한 것이다.

**원문** 人君之位, 尊則尊矣, 貴則貴矣。然天下至廣也, 萬民至衆也。一有不得其心, 則蓋有大可慮者存焉。下民至弱也, 不可以力劫之也; 至愚也, 不可以智欺之也。

得其心則服之, 不得其心則去之。去就之間, 不容毫髮焉。

[번역] 인군의 지위라는 것은 높기로 말하자면 한없이 높은 것이요, 귀하기로 말하자면 한없이 귀한 것이다. 그러나 하늘 아래는 넓기 이를 데 없고, 만백성은 많기 그지없다. 단 한번이라도 그 백성의 마음을 얻지 못한다면, 참으로 크게 걱정할 만한 일이 생겨나게 되는 것이다. 아래에 있는 뭇백성은 지극히 약하게 보이지만 힘으로 겁줄 수 없는 것이요, 지극히 어리석게 보이지만 지혜로써 속일 수도 없는 것이다. 그들의 마음을 얻으면 그들은 복종하지만, 그들의 마음을 얻지 못하면 그들은 곧 이반해버린다. 떠나고 붙는 것이 터럭만큼의 여유도 허락하지 않는 것이다.

[해석] 정도전은 공민왕 15년(1366) 25세 때 부친상과 모친상을 당해 고향 영주에 내려가 3년간 여묘살이를 하고 있었다. 여묘살이라 하지만 그것은 우리가 생각하는 것처럼 문자 그대로 무덤 옆에 바로 텐트치고 사는 것은 아니다. 그 가까운 초가

집에서 소박하게 생활하는 일종의 전원생활이었을 것이다. 이
때 그는 친구이며 스승이라 할 수 있는 정몽주(鄭夢周, 1337~
1392)가 책 한 권을 보내온다. 그것은 『맹자』라는 책이었다.
그는 초롱불 아래서 하루에 반 장을 넘기지 않을 정도로 『맹
자』를 정독한다. 『맹자』는 과연 어떤 책이었을까?

70년대 군사독재정권의 유신체제하에서 칼 맑스의 『자본
론』을 읽는다든가, 『김일성전집』을 읽는다는 것은 참으로 스
릴있는 사건이었다. 사실 정도전이 발견한 『맹자』는 그 이상
의 스릴을 만끽케 해주는 사건이었을 것이다. 『맹자』는 혁명
지서(革命之書)다. 『맹자』는 그러한 혁명적 성격 때문에 치자
들에게 외면당했으며 뒤늦게 주목되어 13경에 끼기는 했으나
일반에게 잘 알려지지도 않았던 책이었다. 그래서 주석가도
별로 없었고 후한(後漢) 조기(趙岐)의 주가 외롭게 붙어다닐
뿐이었다. 공자는 대부였던 삼환(三桓)의 세력에 항거는 했을
지언정 노공(魯公)에 대해서는 근원적인 혁명같은 것을 생각
치 않았다. 다시 말해서 사회체제의 근원적 변혁을 사상의 주
테마로 삼은 사람은 아니었다. 그러기에는 공자는 너무도 심
미적인 인간이었다. 그러나 맹자에 오면 이야기가 전혀 달라
진다. 맹자의 사상은 성선(性善) · 인의(仁義) · 왕도(王道) ·

혁명(革命) 같은 단어로 요약되는 것이다. 맹자에게 있어서 천(天)이란 주재적(主宰的)이고 인격적이고 초월적이고 신비적인 의미가 완전히 퇴색해버린다. 맹자의 천(天)이란 아주 단순한 것이다. 그것은 민의(民意)를 말하는 것이다. 공자의 천에는 신비적이고 심미적인 요소가 많이 있다. 그러나 맹자는 철저한 사회과학적 래셔날리스트(rationalist)일 뿐이다. 그리고 인군(人君)의 위(位)에 절대적인 의미를 부여하지 않는다. 그것은 가장 경박한 것이고 하시고 갈아치울 수 있는 것이다. 그는 군(君)뿐 아니라 농경사회의 하느님인 사직도 백성의 삶에 도움을 주지 않는다면 하시고 갈아치울 수 있다고 생각한다. 즉 하느님도 바꿔치기를 할 수 있는 것이다(變置社稷). 야훼로부터 알라로 바꾸어도, 예수 믿다가 부처 믿어도 아무 상관이 없는 것이다. 그러나 백성, 즉 인간대중만은 갈아치울 수가 없는 절대적인 존재다. 그러므로 진정한 하느님이란 예배를 받는 신도 아니요, 사람들의 섬김을 받는 군도 아니다. 하느님은 오로지 민일 뿐이다. 맹자의 하느님은 백성이다. 이것이 "민위귀民爲貴, 사직차지社稷次之, 군위경君爲輕。" (백성이 가장 귀하고, 사직이 그 다음이고, 군주는 가장 가벼운 것이다) 라는 「진심」하(下)의 유명한 말이다. 맹자에게 있어서 군(君)이란 끊임없는 혁명의 대상일 뿐이다. 이러한 혁명의 소식이 뜨거운 변혁의 불길로 가슴이 달아있었던 삼봉의 귀에 들려왔을 때 과연 그의 감회는 어떠했을까? 삼봉의 사상에 일관된 것은 맹자의 민주사상이다. 이 민주라는 단어가 비록 오늘 현대사회에서 우리가 체험하는 직접선거제도와 같은 민의반영 기제를 확보한 것은 아니라 할지라도, 민의가 경국의 궁극적 판단기준이 되어야 한다는 삼봉의 역설은 오늘 우리의 발전한 민주체제에까지도 유효한, 영원한 테마인 것이다.

상단의 문의는 이러한 맹자의 혁명사상을 긴장감있는 배면의 논리로 깔면서 민의의 절대성과 치자의 도덕성을 강렬하게 천명하고 있다. 그리고 치자가 민의를 어겼을 때는 어김없이 갈아치울 수 있다는 협박의 톤을 명료하게 노출시키고 있다. 민심(民心)이란 천지의 생물지심(生物之心)과 같은 것으로서 조작의 대상이 될 수 없는 것이며 인(仁)의 궁극적 존재론적 근거라는 것이다.

원문 然所謂得其心者, 非以私意苟且而爲之也, 非以違道干譽而致之也, 亦曰仁而已矣。 人君以天地生物之

心爲心, 行不忍人之政。使天下四境之人, 皆悅而仰之
若父母, 則長享安富尊榮之樂, 而無危亡覆墜之患矣。
守位以仁, 不亦宜乎!

[번역] 그러나 이른바 백성의 마음을 얻는다 하는 것이,
사사로운 의도로써 구차스럽게 해도 안되는 것이요, 도
에 어긋나게 사람들의 칭찬을 구하여 이르게 해서는 안
되는 것이다. 그러니 그것을 얻는 방법은 오직 인(仁)일
뿐이다. 사람의 임금은 반드시 천지생물지심으로 그 마
음을 삼아야 하고, 사람이기에 차마 해치지 못하는 인한
정치를 행하여야 한다. 천하 사경의 사람들로 하여금 모
두 기쁘게 하여 임금을 우러러 보기를 친부모처럼 한다
면, 그러한 임금은 편안한 부유함과 고귀한 번영의 즐거
움을 오래 누리게 될 것이요, 위태롭게 망하거나 전복되
어 추락하는 우환이 없을 것이다. 인(仁)으로써 그 위
(位)를 지킴이 또한 마땅치 아니한가?

[해석] 임금의 위(位)의 권세와 인(仁)의 도덕성의 불가분의
관계가 계속 강조되고 있다. 이 단에서 핵심된 의미는 인군(人

君)은 철저히 공인(公人)으로서 살아야 하며, 천지생물지심(天地生物之心)으로 그 마음을 삼아야 한다는 것이다. 그리고 맹자가 말하는 "사람이기에 차마 어찌하지 못하는 인간의 존엄성"(Dignity of Man)을 존중하는 도덕적 정치를 행하여야 한다는 것이다. "비이위도간예이치지야非以違道干譽而致之也"는 『서경』「대우모大禹謨」의 "망위도罔違道, 이간백성지예以干百姓之譽。"(도를 어기면서 백성들의 칭찬을 구하지 마시며)에서 온 것이며, "행불인인지정行不忍人之政"은 『맹자』「공손추公孫丑」상(上)의 "이불인인지심以不忍人之心, 행불인인지정行不忍人之政, 치천하治天下, 가운지장상可運之掌上。"에서 온 것이다.


**원문** 恭惟　主上殿下, 順天應人, 驟正寶位。知仁爲心德之全, 愛乃仁之所發。於是正其心以體乎仁, 推其愛以及於人, 仁之體立而仁之用行矣。嗚呼! 保有其位, 以延千萬世之傳, 詎不信歟!


**번역** 삼가 생각컨대 우리 주상전하께서는 하늘을 따르고 사람에 응하여 신속히 보위를 바르게 하셨으니, 인

(仁)하심이 심덕의 온전함이 되고, 어여삐 여기심이 인(仁)이 발한 것임을 알겠노라. 이에 그 마음을 바르게 하여 인(仁)을 체득하고, 어여삐 여기심을 미루어 온 백성들에게 미쳤으니, 인의 체(體)가 섰고 인의 용(用)이 행하여지는구나. 오호라! 그 위(位)를 보지하여 천만세로 뻗쳐 전하여지리라는 것을 어찌 믿지 않을 수 있으리오!

[해석] 끝으로 조선왕조의 혁명이 인한 마음을 통하여 천인에 순응(順應)함으로써 이루어진 평화적 교체임을 암시하고, 인의 도덕정치를 구현함으로써 장수하는 왕조가 되리라는 예언과 신념을 표방하고 있다. 여기 이미 성리학의 기본 사유의 틀인 체(體)와 용(用)의 언어가 등장하고 있다. 본시 불학의 개념이지만 주희의 집주(集注)의 주요 카테고리로 등장하고 있다. 삼봉은 집주를 충분히 소화하고 이러한 개념을 원용했을 것이다.

제3장

# 불씨잡변(佛氏雜辨)

　『불씨잡변』은 "불가의 잡다한 이론들을 분변한다"는 뜻
인데, 이것은 그가 태조 7년 5월경, 그가 방원에게 살해당하
기 불과 3달 전에 완성한 것이다. 따라서 이것은 삼봉 생애
의 마지막 저술이라고 보아야 할 것이다. 요동공벌을 획책하
고 군사훈련을 강행하며 동북면도선무순찰사의 임무를 띠고
함경도지방으로 여행을 다녀오는 그러한 바쁜 나날 속에서도
이러한 대작을 촉박한 시간내에 완성해야 했던 그의 열정과
고투에 숙연함을 느끼지 않을 수 없다.

권근의 서문에 의하면 삼봉이 무인년(1398) 여름에 병으로 며칠 휴가를 얻어 썼다고 했다. 탈고를 한 직후에 권근에게 이와 같이 말했다 한다: "불씨의 언설이 윤리를 훼멸하고 금수와 같이 인류를 타락시켜 멸절시킬 것이오. 명교를 주축으로 삼는 자 이를 대적하여 물리치지 않을 수 없소. 그들의 방자함을 막기 위해 내 글이 지나치게 사소(鄙瑣)하고 분격(憤激)한 면은 있으나 후학들이 유·불을 분변하는 데 큰 도움을 주리라 믿소. 이것이 당장 이대로 이루어질 수는 없다 해도 후대에 전할 수 있으니 내 죽어도 편안하오."14) 삼봉은 이 글을 탈고하면서 자기의 죽음을 예언하고 있었는지도 모른다. 그러나 이 책의 운명 또한 편칠 못했다. 정도전의 역모의 죽음과 더불어 사라져야만 했던 것이다. 그러다가 세종조에 우연히 성균관 생원에 의하여 발견되어 간행되기에 이른다.15) 그리고 후

---

14) 『불씨잡변』 끝에 권근의 서문이 붙어있다. 『불씨잡변』이 그나마 인멸이 안되고 역사에 살아남을 수 있었던 것은 권근과 정도전의 동생 정도복(鄭道復)의 공이 크다. 여기에 인용된 구절은 내가 그 내용을 압축하여 실었다. 전문은 본서의 말미에 실려있다.

15) 세종 20년 무오년(1438) 성균관 생원 윤기견(尹起畎)이 성균관에 같이 있었던 동년진사(同年進士) 한혁(韓奕)으로부터 우연히 『불씨잡변』의 원고를 얻어보게되는 충격적인 장면이 『불씨잡변』 말미에 잘 묘사되어 있다. 한혁은 정도전의 족손이었는데, 정도전의 글이 그의 본가에서는 다 흩어져 버리고 방계가문에서 보존된 것으로 보인다. 윤기복은 양양(襄陽)군수로 부임했는데 그때 잘못된 글

삼봉 정도전의 건국철학

대에 심원한 영향을 끼쳤다.

이 『불씨잡변』은 단순히 불교비판서로서 간주되어서는 안 된다. 불교의 이론을 비판한 순수한 논쟁적 이론서라고 한다면, 오늘날 발전한 불교학의 관점에서 볼 때 얼마든지 반박이 가능한 허점을 많이 노정하고 있을 것이다. 그러나 이 책은 삼봉이 불교를 얼마나 정확히 비판했느냐에 그 가치가 존하는 것이 아니다. 여기서의 "불교"란 영원한 해탈의 종교로서의 공시태가 아니다. 삼봉이 비판하고 있는 "불교"는 고려왕조사회를 좀먹고 있었던 통시태로서의 불교며, 반드시 척결되어야만 할 정치적 이념으로서의 불교다. 따라서 『불씨잡변』의 가치는, 불교비판으로서 보다는, 불교비판이라는 명분속에서 그가 어떠한 새로운 정치철학적 패러다임을 구축하고 있는가 하는 성패여부에 관계되는 것이다. 따라서 불교이론에 대한 반론에 그의 철학이 드러나는 것이 아니라, 그 반론의 어휘가 드러내는 또 하나의 새로운 디스꾸르에서 그의 철학을 구성해내야 하는 것이다.

---

자 30여자를 바로잡고 공인(工人)에게 명하여 『불씨잡변』을 간행 (刊梓)케 하였다.

그리고 『불씨잡변』은 불교라는 종교의 실상과 이론에 대한 반론으로서도, 비록 그 입장이 고정되어 있기는 하지만, 세계사적으로 유례를 보기 힘들 정도로 깊이와 폭을 갖춘 언어라는 것을 말해두고 싶다. 그리고 권근의 서에서도 밝혔듯이 불교에 대한 비판이 단독저서로서 집필되고 출간된 것은 동아시아 역사에 있어서 별로 유례가 없다.[16) 그리고 오늘날 기독교를 포함한 많은 종교의 허탄한 측면의 해독에서 헤어나지 못하는 많은 사람들에게 깨우침을 줄 수 있는 통렬한 독설이라는 것도 언급해두고 싶다. 삼봉이 추구한 것은 상식(common sense)과 합리(rationality)였다.

---

16) 佛法入中國, 其害甚於楊墨。 先儒往往雖辨其非, 然未有能成書者也。 以唐韓子之材, 籍湜輩從而請之, 猶不敢著書, 況其下乎? (불법이 중국에 들어오니, 그 폐해는 양주나 묵자보다 심하였다. 선유들이 그 그릇됨을 변박하였으나 책을 지을 만한 사람은 없었다. 당나라 한유韓愈의 재주로써도, 장적張籍·황보식皇甫湜과 같은 무리들이 따라다니며 저서하기를 간청했으나, 역시 감히 저서하지를 못했거늘, 하물며 그 아랫사람들이랴!)

## 佛氏輪廻之辨
### 불씨의 윤회를 분변함

**원문** 人物之生生而無窮, 乃天地之化運行而不已者也。原夫太極有動靜而陰陽生, 陰陽有變合而五行具。於是無極太極之眞, 陰陽五行之精, 妙合而凝, 人物生生焉。其已生者往而過, 未生者來而續, 其間不容一息之停也。

**번역** 사람과 물(物)이 생하고 또 생하여 다함이 없는 것은 곧 천지의 조화가 끊임없이 운행하여 그침이 없기 때문이다. 원래 태극에 동과 정이 있게 됨으로써 음양이 생겨났고, 음양에 변하고 합치는 것이 있게 됨으로써 오행이 갖추어졌다. 이에 무극과 태극의 참된 모습과 음양과 오행의 정수가 묘하게 합하여 엉기면서 사람과 물(物)이 무궁하게 생성하는 것이다. 이미 생한 것은 가서 지나가버리는 것이요, 아직 생하지 않은 것은 와서 계속되는 것이다. 이 가고 오는 것 사이에 한 숨의 정지도 용납될 수가 없는 것이다.

해석 여기 "인물人物"이란 사람과, 만물 중에서 사람을 제외한 모든 것을 의미하는 말인데 후자의 마땅한 번역어가 생각나지 않아 그냥 "사람과 물物"이라고 바꾸어 놓았다. 여기 "생생生生"이라고 한 것은 특별한 출전적 의미가 있다. 이것은 『주역』「계사」상, 제5장에 "부유지위대업富有之謂大業, 일신지위성덕日新之謂盛德, 생생지위역生生之謂易"이라고 한 것에서 따온 것이다. "생생生生"이라고 하는 것은 끊임없는 우주의 생명력, 간단없이 계속되는 창조의 과정(Creative Process)를 말한 것이다. 우리가 보통 "역易"이라 하는 것은 보통 변화(Change)를 의미하는 말이다. 교역(交易)이라 할 때는 교환(to exchange)의 의미가 있고, 개역(改易)이라 할 때는 낡은 것을 새 것으로 바꾼다(to renovate)는 의미가 있다. 점(占)을 치는 옛 사람들은 이렇게 변화하는 우주 속에서의 인간의 명운(命運)을 알려고 했던 것이다. 역(易)이란 끊임없이 변화하는 우주의 모습이다. 여기 "생생지위역生生之謂易"이라 한 것은 바로 『주역』이라는 서물 속에서 그 역(易)의 의미를 총체적으로 규정한 대목이다. 주희(朱熹)는 여기에 이런 주석을 달아 놓았다: "음생양陰生陽, 양생음陽生陰, 기변무궁其變無窮, 리여서개연야理與書皆然也。"(음이 양을 생하고, 양이 음을 생한다. 그렇게 해서 그 변화가 무궁하니, 역의 이치도 그러하고 역의 서물도 그러한 방식으로 짜여진 것이다.)

여기 삼봉이 "천지지화운행이불이자天地之化運行而不已者"
라고 한 것은 조선말의 혜강이 『기학氣學』 속에서 "활동운화
活動運化"라 한 말을 상기시킨다. 그런데 삼봉은 왜 불교의
윤회를 비판하는 자리에서 이렇게 장황하게 주역적 세계관을
토로하고 있는 것일까? 우선 여기서 삼봉학의 특징을 이루는
두 가지 사실을 특기할 수가 있다.

첫째, 후대의 틀에 박힌 성리학자들이 사서중심주의(四書
中心主義)에 경도되어 있는데 반해 삼봉, 그리고 삼봉시대의
유생들은 오경(五經)의 세계에 관해 보다 자유롭게 생각하고
있었다는 것이다. 즉 사서의 관점을 빌지 않고 직접 오경(五
經)의 우주론·세계관을 창조적으로 해석하고 있었다는 것
이다. 그의 대표적 저작인 『조선경국전』과 『불씨잡변』이 모
두 『주역』의 인용으로부터 시작하고 있는 것을 보아도 삼봉
학이 후대의 성리학과는 달리, 사서의 근원이 되고있는 오경
의 세계에 직입하고 있으며 특히 『역』의 세계관에 대하여 자
기류의 해석의 틀을 확립하고 있었다는 것을 의미한다. 그
틀이 비록 타인들의 해석과 일치한다 하더라도 독창적인 자

기해석이 없이는 그것을 자기가 살고 있는 세계, 그리고 자기의 가치관에 응용하기는 어려운 것이다.

둘째, 삼봉은 자기가 해석한 『역』의 유기체론적이고 과정론적인 세계관의 전개가 불교적인 윤회의 세계관을 붕괴시킬 수 있는 결정적인 논리를 제공한다고 믿고 있는 것이다. 여기 "윤회"(Transmigration)라고 하는 것은 인간영혼의 불멸(indestructibility)을 전제로 하는 것이며, 그것은 인간 개체영혼의 아이덴티티의 지속(duration of identity)을 의미하는 것이다. 그러나 역의 과정론적 세계관 속에서는 이러한 불멸이나 지속이 허용될 수 없다. 삼봉은 역을 빌어 윤회는 하나의 허구적 구성에 불과한 픽션이요 판타지라는 것을 말하고 있는 것이다. 이것은 단지 윤회의 부정을 의미하는 것이 아니라, 왕조의 정신적 기반의 패러다임 쉬프트(paradigm shift)를 의미하는 것임에는 더 말할 나위가 없다. 여기 그가 동원한 무극(無極), 태극(太極), 음양(陰陽), 오행(五行)의 언사는 모두 정주학(程朱學)의 선하(先河)인 주렴계(周濂溪, 1017~1073)의 『태극도설太極圖說』에서 온 것인데17) 그 『도설』의

17) 삼봉의 인용문장과 관련된 『태극도설』의 전문은 다음과 같다: "無極而太極。 太極動而生陽, 動極而靜, 靜而生陰。 靜極復動, 一動

삼봉 정도전의 건국철학

언어에 대한 세부적 분석을 가하지는 않았다. 그냥 무극태극(無極太極)의 진(眞)과 음양오행(陰陽五行)의 정(精)의 묘합(妙合)이 인물을 생생케 하는데 그 과정이 끊임없는 이합취산의 과정이며 간단없는 변화라고 하는 시간적 성격만을 강조하고 있는 것이다. 그러한 시간 속에서는 영혼의 불멸이나 동일성의 지속이 근원적으로 불가능하다는 것이다. 이합취산이 매우 본질적인 차원에서의 해체와 재결합의 과정을 이루고 있기 때문이다.

**원문** 佛之言曰:「人死精神不滅, 隨復受形。」 於是輪廻之說興焉。 易曰:「原始反終, 故知死生之說。」 又曰:

---

一靜, 互爲其根, 分陰分陽, 兩儀立焉。 陽變陰合而生水火木金土, 五氣順布, 四時行焉。 五行一陰陽也, 陰陽一太極也。 太極本無極也。" 염계의 원문에는 "太極動而生陽"으로 되어 있어 太極 그 자체가 動하는 것을 의미한다. 그러나 삼봉은 "太極有動靜"이라 하여 太極과 動靜의 관계를 좀 약하게 설정하여 놓았고, "陰陽有變合"이라는 말과 對句를 이루도록 구성하였다. 太極이 動한다는 말과, 太極에 動함이 있다는 말은 뉴앙스가 다르다. 후자에는 主理論的 太極의 논리가 이미 반영되어 있을 수도 있다. 그리고 無極과 太極의 관계에 대하여서도 "無極太極"을 관계사 "而"가 없이 병치시켜놓았을 뿐, 그 미묘한 논쟁 속으로 휘말려들어가지 않고 있다.

「精氣爲物, 游魂爲變。」先儒解之曰:「天地之化, 雖生生不窮, 然而有聚必有散, 有生必有死。能原其始而知其聚之生, 則必知其後之必散而死。能知其生也得於氣化之自然, 初無精神寄寓於太虛之中, 則知其死也與氣而俱散, 無復更有形象尙留於冥漠之內。」

[번역] 부처의 말에 이르기를: "사람이 죽어도 정신은 멸하지 않으니, 따라서 다시 그 형체를 받는다" 하였다. 이에 윤회의 설이 흥기한 것이다. 『주역』은 말한다: "음양의 묘합의 시원으로 거슬러 올라가서 그 종말까지 훑어본다면 죽고 사는 것의 이치는 쉽게 파악할 수가 있다." 그리고 연이어 또 말한다: "땅에서 온 정(精)과 하늘에서 온 기(氣)가 합쳐있을 때는 살아있는 물체가 되고, 그것이 떨어질 때는 기는 떠도는 혼(魂)이 되어 흩어져 변화해버린다." 선유가 이것을 해석하여 다음과 같이 말한다: "천지의 변화는 비록 생하고 또 생하여 끝이 없는 것이지만, 모아진 것은 반드시 흩어지고 생명을 가진 것은 반드시 죽는다고 하는 원칙이 있다. 따라서 그 시원

을 거슬러 캐올라가면 그 모아지는 순간 생명이 부여된
다는 것을 알 수 있고, 또 반드시 그 태어난 것이 훗날에
흩어지는 순간 죽을 수밖에 없다는 것을 알 수 있게 되
는 것이다. 그러니까 생명의 탄생은 기화의 스스로 그러
함에서 얻어지는 것임을 알아야 하며, 애초로부터 정신
이 허공에 둥둥 떠 있는 것은 아니라는 것을 알아야 한
다. 그렇게 되면 죽는다 하는 것도 기와 더불어 같이 흩
어지는 것이며, 그 형상이 어둡고 막막한 곳에 잔류하는
일은 다시 있을 수 없다는 것을 알게될 것이다."

[해석] 불가에서 말하는 윤회의 핵심이 정신(精神)의 불멸(不
滅)과 그 동일한 정신이 계속해서 형체를 부여받는(受形) 동
일성의 지속임을 명료하게 지적하면서, 그에 대한 반론으로
서 또 다시 『주역』 「계사」 상 제4장에 있는 "원시반종原始
反終"사상을 끄집어내어 사생지설(死生之說)에 관한 모든 허
황된 생각들을 일축한다. 그가 주장하는 것은 오늘의 물리학
적 세계관이 우리에게 전해주는 상식적 판단과 일치하는 것
이다. 죽으면 흩어질 뿐이며, 그러한 자연적 사태에 대하여
아니미즘적 의미를 부여하는 것은 허황된 것이라는 것이다.

생명의 탄생이란 음·양, 천·지, 혼·백의 묘합으로만 설명될 수 있는 것이며, 이 묘합이 흩어지면 그 유기체는 종말을 맞이하게 되는 것이며, 그 유기체를 구성했던 모든 아이덴티티체계는 혼(魂)이 되었든 백(魄)이 되었든 종료되는 것이다. 이것이 곧 원시반종(原始反終)의 사상이라는 것이다. 원(原)이란 "근원을 캔다," "소급해 올라간다," "본원을 탐구한다"는 의미가 있다. 원시반종이란, 유기체의 시원을 캐고 그 종료를 돌이켜 본다는 뜻이다(回頭之義).[18] 그 시(始)가 생(生)이요, 그 종(終)이 사(死)다. 그리고 또 「계사」 같은 장에 연이어 정기(精氣)와 유혼(游魂)을 언급했는데 나는 신주(新註)의 맥락을 따라 번역하였다. 다음 문단에 나오는 삼봉의 해석도 정기(精氣)를 나누어 정(精)을 땅적인 부분으로 보고 기(氣)를 하늘적인 부분으로 보았다. 삼봉의 이해방식은 매우 명료하며 주자 신주의 맥락과 정확히 일치하는 것이다. 그리고 유혼(游魂)은 혼(魂)과 백(魄)이 분리된 죽음의 상태를 나타낸다고 해석한다. 삼봉이 『역본의』뿐만 아니라 『주자어류』를 보았을 것이라고 사료된다.

---

18) 問: 「『反』字如何?」 曰: 「推原其始, 而反其終。謂如方推原其始初, 却揙轉一摺來, 如回頭之義, 是反回來觀其終也。」 『주자어류』 5, p.1891.

이 「계사」의 언급에 대하여 삼봉이 고른 선유(주자문인)의 해석은 놀라웁게 명료하다.[19] 다시 말해서 그 많은 주석 중에서도 자기의 윤회부정의 테제를 정당화시키는 매우 명석한 의미맥락을 찾아낸 것은 삼봉 자신의 사유의 명징성(明澄性)을 입증한다. 유기체의 생(生)과 멸(滅)의 모우멘트는 기화의

---

19) 정도전이 인용한 선유(先儒)의 글의 내용은 분명 「계사」 상 제4장의 주석일 것이나, 그 주석은 十三經注疏本 『周易正義』나 『易程傳』, 『周易本義』에 보이지 않는다. 그런데 이 구절이 五經大全本의 『周易大全』에 나타나고 있다. 그런데 『周易大全』은 明나라 永樂 13년 9월에 胡廣・楊榮・金幼孜가 奉勅撰한 것이므로 삼봉의 시대에는 존재하지 않았다. 그러나 이 구절은 朱子의 『周易本義』의 주석을 다시 설명하는 부분 속에 들어가 있는데 『朱子語類』의 문답의 일부분임이 분명하다. 이 구절은 朱子의 門人이 朱子에게 묻는 내용 속에 나오는 것이다. 이 질문에 朱子는 "死便是都散无了。"(죽고 나면 곧 다 흩어져 없어져 버리고 만다)라고 간단히 답하고 있다. 그렇다면 삼봉이 『周易大全』을 본 것이 아니라 『朱子語類』를 보았다고 말할 수 있는데, 오늘 우리가 볼 수 있는 『朱子語類』에는 이러한 문답내용이 포함되어 있질 않다. 따라서 삼봉이 본 책은 五經大全本 『周易大全』의 저본이 된 『朱子語類』의 보조문헌이 실린 그 어느 책이었을 것이다. 현재 나로서는 삼봉이 본 『주역』주석본이 어떤 것인지 확실히 밝히기 어렵다. 元나라 때의 『周易本義集成』이나 『周易會通』과 같은 책이었을 것이라고 일단 막연히 추측해 놓는다. 그러나 여기 "先儒"는 朱子의 門人임이 확실하다. 사학도들이 이런 문헌조사를 더 치밀하게 해주었으면 감사하겠다. 민족문화추진회의 번역도 이 先儒의 출전에 관하여 일체의 언급이 없다.

자연(氣化之自然)일 뿐이며, 거기에 어떤 비자연적 형상의 잔류는 있을 수가 없다는 것이다. 다시 말해서 기가 모이고 흩어지는 것은 "질량불변의 법칙"과도 같은 대자연의 변화일 뿐이며, 영혼이라는 어떤 동일체의 지속으로 해석될 여지가 없다는 것이다. 이것은 곧 삼봉의 사유가 이미 허(虛)에서 실(實)로 반전되고 있음을 보여주는 것이다. 불교에서 유교에로의 패러다임 쉬프트는 곧 허황된 형이상학으로부터 상식적인 형이하학으로의 반전을 의미하는 것이었음을 알 수 있다. 조선왕조는 그러한 새로운 패러다임 위에서 성립한 것이다.

**원문** 又曰:「精氣爲物, 游魂爲變」 天地陰陽之氣交合, 便成人物。到得魂氣歸于天, 體魄歸于地, 便是變了。「精氣爲物,」 是合精與氣而成物。精魄而氣魂也。「游魂爲變,」 變則是魂魄相離, 游散而變。變非變化之變, 旣是變則堅者腐存者亡, 更無物也。

**번역** 또 『주역』에 말하기를: "정(精)과 기(氣)가 물(物)이 되고, 유혼(游魂)은 변(變)이 된다." 하늘과 땅,

음과 양의 기가 섞여 합하여질 때는 사람과 물(物)이 탄생되는 것이다. 그런데 혼기(魂氣)가 하늘로 되돌아가고, 체백(體魄)이 땅으로 되돌아 가는 분리의 상태에 이르게 되는 것이 곧 변(變)이라는 것이다. "정과 기가 물이 되었다"한 것은 땅적인 정과 하늘적인 기가 합하여져서 물체를 이룬다고 하는 뜻이다. 이때 정은 곧 백(魄)이고 기는 곧 혼(魂)이다. 또 "유혼은 변이 된다"고 한 것은, 변이라는 것이 곧 혼과 백이 분리되어 흩어져 변화해버림을 의미한다는 것을 지칭한 말이다. 변이라는 것은 단순한 물리적 변형을 의미하는 것은 아니다. 변이라고 하는 것은 딱딱한 물체가 썩어버리고, 존재했던 것이 없어진다고 하는 것을 의미한다. 즉 존재의 정체성이 없어져 버린다고 하는 것을 의미하는 것이다.

[해석] 중국고전의 세계관에 정확한 이해를 가진 사람에게는 매우 쉽게 해석될 수 있는 구문이지만 일반인들에게 어려울지도 모르겠다. 존재를 음·양의 묘합으로 본다고 하는 것은, 단순히 상징적인 언설이 아니라, 매우 구체적인 함의를 지니는 것이다. 음은 땅이고, 양은 하늘이다. 땅은 유형적인 세계

고 하늘은 무형적인 세계이지만, 여기서 유형과 무형이라 하는 것은 존재와 비존재의 의미가 아니며, 감관에 포착되느냐 안되느냐의 의미이므로, 결국 모두 형(形)에 통섭되는 것이다. 인간에게 있어서 이 하늘적 부분을 혼(魂)이라 하고, 땅적인 부분을 백(魄)이라 하는데 이 혼과 백이 잘 혼합되어 있는 상태가 생명의 상태인 것이다. 이 혼과 백이 분리되면 우리는 이것을 죽음의 상태라 부르게 되는데 이때 혼과 백은 각기 자기의 본래 자리로 되돌아간다. 혼은 떠서(游) 하늘로 돌아가고, 백은 무덤 속에서 땅으로 스며들게 되는 것이다. 이 혼과 백은 모두 본시 하늘과 땅의 일부이므로 자기의 동일성 체계를 유지하지 않고 흩어진다. 『주역』「계사」의 인용부분은 원래 귀신(鬼神)의 정상(情狀)에 관해 언급한 맥락인데 주자는 이 귀신을 일관되게 음양론의 입장에서 설명하였다. 귀(鬼)는 귀(歸)이며 땅으로 돌아가는 것을 의미하므로 백을 가리킨다. 신(神)은 신(伸)이며 하늘로 펼쳐 흩어지는 것을 의미하므로 혼을 가리킨다. 이 백과 혼의 다른 이름이 정(精)과 신(神), 혹은 정(精)과 기(氣)라고 보는 것이다. 정(精)이란 여기서 입자가 굵은 것을 의미하며 유형적인 데 가깝고, 기(氣)나 신(神)은 입자가 미세한 것을 의미하여 무형적인 데 가깝다. 많은 사람들이 이 음양론적 단어들의 정확한 의미규정을 혼동한 채 무

분별하게 쓰고 있는데 세심한 주의를 요하는 것이다. 그런데 놀라웁게도 삼봉은 이러한 단어들의 의미를 명료하게 파악하고 있는 것이다.

| YANG | YIN |
|------|-----|
| 하늘天 | 땅地 |
| 양陽 | 음陰 |
| 혼魂 | 백魄 |
| 기氣 | 정精 |
| 신神 | 정精 |
| 신神 | 귀鬼 |
| 신伸 | 귀歸 |
| 강剛 | 유柔 |
| 기氣 | 혈血 |
| 무형無形 | 유형有形 |

따라서 우리가 흔히 정신(精神)이라고 하면 현대어적 용법 때문에 그것이 "Soul," "Spirit,"나 "Mind"를 의미하는 것으로 생각되어 물질과 대비되는 것으로 생각하기 쉬우나, 삼봉의 언어체계 속에서는 그것은 정(精, 땅적인 부분)과 신(神,

하늘적인 부분)의 음양론적 어휘로 해체되는 것이며, 또 음양론적 취산의 법칙에 복속되는 것이다. 삼봉은 유혼(游魂)조차도 독자적인 아이덴티티체계를 지속할 수 없다는 것을 명료하게 지적하고 있는 것이다.

**원문** 天地間如烘爐, 雖生物, 皆鎖鑠已盡。安有已散者復合, 而已往者復來乎！今且驗之吾身, 一呼一吸之間, 氣一出焉, 謂之一息。其呼而出者, 非吸而入之也。然則人之氣息, 亦生生不窮, 而往者過來者續之理可見也。外而驗之於物, 凡草木自根而幹而枝而葉而華實, 一氣通貫。當春夏時, 其氣滋至而華葉暢茂。至秋冬, 其氣收斂而華葉衰落。至明年春夏, 又復暢茂, 非已落之葉, 返本歸源而復生也。又井中之水, 朝朝而汲之, 爨飲食者, 火煮而盡之。濯衣服者, 日曝而乾之, 泯然無跡, 而井中之泉, 源源而出, 無有窮盡。非已汲之水, 返其故處而復生也。且百穀之生也, 春而種十石, 秋而收百石, 以至千萬, 其利倍蓰, 是百穀亦生生也。

[번역] 하늘과 땅 사이는 마치 거대한 용광로와 같아서, 비록 만물을 생하기도 하지만 그것을 다 녹여 없애버린다. 어찌 흩어진 것이 다시 원 모습대로 합쳐지고, 이미 지나가버린 것이 거꾸로 돌아올 수 있다는 말인가? 자아! 지금 이런 이치를 비근한 내 몸에서 증험해보자! 한 번 숨을 내쉬고 한 번 들이쉬는 사이에 기가 한 번 나오는데 그것을 일식(一息)이라고 한다. 그런데 숨이 나온 것이 그대로 들어가는 그런 법이란 있을 수 없다. 그렇다면 사람의 숨이라는 것도 생하고 또 생하여 무궁한 것이다. 여기서도 가는 것은 지나가고 오는 것은 새로 잇는다고 하는 시간의 법칙을 볼 수 있는 것이다. 이것을 또 내 몸밖의 사물에 증험하여 보자! 무릇 초목은 뿌리로부터 줄기, 가지, 잎, 꽃, 열매에 이르기까지 한 기운이 통하여 흐르고 있다. 봄·여름의 때가 되면, 그 기가 지극히 윤택하게 되고 꽃과 잎이 무성하게 된다. 또 가을·겨울철이 되면 그 기가 오그라들면서 꽃과 잎이 쇠락하게 된다. 그리고 그 다음 해 봄·여름이 되면 또 다시 새롭게 무성하게 되는데, 그것은 이미 떨어져 버린

잎이 떨어진 제자리로 돌아가서 다시 생겨나는 것은 아니다. 또 우물 속의 샘물을 예로 들어보자! 매일 아침마다 사람들이 물을 길어내어 그 물로 밥을 짓지만, 불로 끓이면 그 물은 수증기가 되어 다 날아가 버린다. 그리고 그 샘물로 의복을 빨아도 그것을 빨래줄에 걸어 말리면 물기는 흔적도 없이 사라져버리고 만다. 그렇지만 우물 속의 샘물은 여전히 졸졸 샘솟아 다할 줄을 모른다. 이것 또한 이미 퍼낸 물이 샘 속 원위치로 다시 돌아가서 생겨나는 것은 아니다. 또한 백곡이 생성되는 것을 보자! 봄에는 열 가마의 씨를 뿌렸다가 가을에는 백 가마의 수확을 얻고, 또 다시 천 가마, 만 가마로 그 이익이 불어나게 되니, 이것은 백곡 역시 그 생하고 생하는 자연의 이치를 따르는 것이다.

[해석] 삼봉의 주도면밀한 관찰력과 논리의 일관성, 그리고 표현의 정확성과 사유의 명증성을 한번 보라! 후대의 성리학자들보다 훨씬 더 포괄적이고 명료하고 실제적이라고 누가 감히 말하지 않을 수 있으리오! 그리고 이러한 논리의 구성이 그에게 있어선 정치적 행위의 일부로 이루어지고 있다고

할 때, 오늘날 과연 어떤 정치인이 자신의 정치적 행위의 근거로서 이러한 철학을 구성할 수 있을까? 삼봉이 일관되게 강조하고 있는 것은 『역易』이 제시하는 생생(生生)의 과정은 결코 동일한 사태의 반복, 동일한 물질의 지속일 수가 없다는 것이다. 이를 통하여 삼봉은 불교의 윤회의 허구성을 드러내고 있지만 바로 그가 개창하는 조선왕조의 모든 물류가 무궁무진하게 번창하는 생생의 과정 속에서 전개되어야 한다는 것을 그는 암시하고 있는 것이다. 불교의 윤회는 정체(stagnation)이며 유교적 생생의 과정은 창진(創進, creative advance)이라고 그는 역설하고 있는 것이다.

**원문** 今以佛氏輪廻之說觀之, 凡有血氣者, 自有定數, 來來去去, 無復增損。然則天地之造物, 反不如農夫之生利也。且血氣之屬, 不爲人類則爲鳥獸魚鼈昆蟲, 其數有定。此蕃則彼必耗矣, 此耗則彼必蕃矣。不應一時俱蕃, 一時俱耗矣。自今觀之, 當盛世, 人類蕃庶, 鳥獸魚鼈昆蟲亦蕃庶; 當衰世, 人物耗損, 鳥獸魚鼈昆蟲亦耗損。是人與萬物, 皆爲天地之氣所生, 故氣盛則一時

蕃庶, 氣衰則一時耗損, 明矣。 予憤佛氏輪廻之說惑世
尤甚, 幽而質諸天地之化, 明而驗諸人物之生, 得其說如
此。 與我同志者, 幸共鑑焉。

[번역] 이제 불씨 윤회의 설의 입장에서 본다면, 대저 혈
기를 가지고 있는 유기체는 그 숫자가 한정될 수밖에 없
다. 이 세상에 오든 이 세상을 떠나든 그 윤회의 주체는
다시 늘거나 줄거나 할 수가 없는 것이다. 그렇다면 천
지가 만물을 창조하는 것이 오히려 농부가 이익을 불리
는 것만도 같지 못하다는 결론이 된다. 대저 혈기를 가
진 유기체는 인간의 유가 되지 않는다면 새·짐승·물고
기·자라·곤충의 유가 될 것이며 그 전체의 수는 항상
일정하다는 것이다. 윤회의 과정에서 이 종류가 늘어나
면 저 종류가 반드시 줄어들 것이며, 이 종류가 줄어들
면 저 종류가 반드시 늘어날 것이다. 한번에 모든 것이
일시에 늘어나거나, 일시에 줄어들거나 하는 일은 있을
수가 없게 될 것이다. 그러나 우리가 관찰할 수 있는 현
상으로써 말한다면, 왕성한 시대를 만나면 인류가 번성

할 뿐 아니라, 새·짐승·물고기·자라·곤충류도 같이 번성한다. 그리고 쇠퇴의 시대를 만나면 인류도 줄어들고, 새·짐승·물고기·자라·곤충류도 또한 같이 줄어든다. 이것은 인간과 만물이 모두 천지의 기의 소생일 뿐이며, 기가 성하면 모든 존재가 일시에 번성하고, 기가 쇠하면 모든 존재가 일시에 모손(耗損)된다는 사실을 명백히 입증하는 것이다. 나는 평소 불씨 윤회의 설이 우리가 살고 있는 세상을 극심하게 미혹시키는 것에 대하여 분노를 느껴왔다. 그래서 그윽하게는 천지의 변화에 그 이치를 따져보고, 명백하게는 인과 물의 유기체에 증험을 구하여 이와 같은 나의 학설을 구성하기에 이른 것이다. 나와 더불어 뜻을 같이 하는 자들이 함께 통찰하여 준다면 다행스러운 일이다.

해석 여기서 삼봉이 제기하고 있는 문제는, 내가 제14대 달라이라마 텐진 갸초(Tenzin Gyatso, 1935~ )와 윤회를 토론하는 과정에서 제기한 문제와 같다.[20] 그것은 혈기(血氣)

---

20) 도올 김용옥 지음, 『달라이라마와 도올의 만남』(서울: 통나무, 2002), 제3권, pp.700~701.

를 지닌 유기체, 즉 마인드(Mind), 넓게는 의식(vijñāna, Consciousness)을 소유한 모든 생물은 수십억겁 년의 윤회를 계속하게 되므로 그 개수의 총량에 변화가 있을 수 없다는 것이다. 사실 이것은 우리가 경험할 수 있는 귀납적 자연의 사실에 어긋나는 것이다. 여기서 종교적 차원의 신념의 세계 (the world of belief)와 현상적인 자연의 질서(the order of Nature) 사이에 어떤 혼동이 있다고 말할 수 있을지는 모르겠으나, 삼봉은 이러한 이원적 질서를 거부하는 합리성으로 일관하고 있다. 즉 종교적 신념이 종교적 신념으로 머물고 있는 한에 있어서면 별 문제가 없지만, 당시 불교에 귀의한 일반 백성들이 모두 종교적 신념의 세계를 현상적 사실의 체계로서 믿고 있다는 데 삼봉의 분노가 큰 것이다. 『주자어류』「귀신」장에 보면 다음과 같은 이야기가 있다.21)

---

21) 『주자어류』는 대륙의 中華書局에서 나온 理學叢書 표점판(王星賢点・校)이 매우 보기에 편하다. 『주자어류』 표기는 이 판을 따른다. 宋 黎靖德 編, 『朱子語類』(北京: 中華書局, 1986), 제1책, p.37. 우리나라에서도 『주자어류』의 번역이 시도되고 있다. 청계출판사에서 98년도부터 나오기 시작했는데 현재 4권까지 나왔다. 번역자는 허탁, 이요성, 이승준이다. 이들의 번역작업을 격려한다. 그리고 이런 책들은 꼭 사봐야 한다. 관심있는 독자들의 구매를 권고한다. 600여년 우리민족의 기초어휘를 형성한 최고의 책이라 할 수 있는 『주자어류』가 이제야 번역되고 있는 우리문화의 현주소는 부끄러운 일이다.

然已散者不復聚。釋氏却謂人死爲鬼, 鬼復爲人。如此,
則天地間常只是許多人來來去去, 更不由造化生生, 必
無是理。

그러나 이미 흩어진 기는 그것이 다시 그대로 모인다는
법은 없다. 불교에서는 오히려 말하기를 사람이 죽으면
귀신이 되고, 또 그 귀신이 다시 사람이 된다고 한다. 이
와 같다고 한다면 하늘과 땅 사이가 왔다 갔다 왕래하는
사람들로 꽉 차 있을 것이다. 그리고 이들은 조화의 생하
고 또 생하는 법칙에 무관하게 될 것이다. 어찌 이러한
이치가 있을 수 있으랴!

사실 삼봉의 언어는 이러한 주자의 언어로 요약된다고 말
할 수 있을지 모르지만 내가 생각컨대 삼봉은 주자에게서 계
발은 받았을지언정, 어디까지나 자신의 직접적 체험 속에서
독창적으로 계발한 결과를 설로서 구성한 것이다. 그의 관심
은 어디까지나 고려라는 불교화된 사회의 현실이었다. 그는
불교윤회설이 혹세(惑世)하고 있는 것에 대한 실존적 분노를
표명한다. 그리고 그윽한 데서부터 명백한 데 이르기까지 모
두 자신의 비근한 체험 속에서 구성한 자신의 언어임을 강조

한다. 그리고 동지(同志)의 공감(共鑑)을 촉구하고 있다. 그는 사회개혁의 이데올로기로서의 이러한 학설에 대하여 뜻있는 사람들의 공감을 촉구하고 있는 것이다.


**원문** 或問:「子引先儒之說, 解易之『游魂爲變,』曰:『魂與魄相離, 魂氣歸於天, 體魄降于地。』是人死則魂魄各歸於天地, 非佛氏所謂人死精神不滅者耶?」曰:「古者, 四時之火皆取於木, 是木中元有火。木熱則生火, 猶魄中元有魂, 魄煖者爲魂。故曰『鑽木出火。』又曰『形旣生矣, 神發知矣。』形, 魄也; 神, 魂也。火緣木而存, 猶魂魄合而生。火滅則煙氣升而歸于天, 灰燼降而歸于地。猶人死則魂氣升于天, 體魄降于地。火之煙氣, 卽人之魂氣; 火之灰燼, 卽人之體魄。且火氣滅矣, 煙氣灰燼, 不復合而爲火, 則人死之後, 魂氣體魄, 亦不復合而爲物。其理豈不明甚也哉!」


**번역** 어떤 사람이 나에게 물었다: "자네는 선유의 말을 인용하여 『주역』에서 말한 '유혼도 변해버린다'는 것을 해석하여 '혼과 백이 서로 분리되어, 혼기는 하늘로 돌아가고 체백은 땅으로 스며든다'고 했는데, 이것은 결국 사람이 죽으면 혼과 백이 각기 천지로 돌아간다는 것인데, 이렇게 되면 불씨가 말한 이른바 사람이 죽어도 정신이 불멸한다는 것과 하나도 다를 바가 없지 아니한가?"

이에 나는 다음과 같이 대답하였다: "예로부터 사계절의 불을 모두 나무에서 취하였다. 이것은 나무 속에 원래 불이 들어있다는 것을 증명한다. 나무가 뜨거워지면 불이 생겨나는 것은, 마치 백 속에 원래 혼이 들어 있어서 백이 따뜻해지면(생명력을 가지게 되면) 혼이 되는 것과도 같다. 그러므로 예로부터 '나무를 비비면 불이 나온다'는 말이 있고 또 '형이 생겨나면 신(神)이 지각(知)을 발동한다'라는 말이 있다. 형은 백이요, 신은 혼이다. 불이 나무에 인연하여 존하는 것은 혼과 백이 합하여져서 유기체를 이루는 것과도 같다. 불이 다 꺼지면 연기는 올라가서 하늘로 돌아가고 그 타고남은 재는 떨어져 땅으로 돌아간다. 이것은 사람이 죽으면 혼기는 하늘로 올라가고 체백은 땅으로 스며드는 것과 똑같은 이치인 것이다. 불의 연기가 곧 사람의 혼기와 같은 것이요, 불의 재는 곧 사람의 체백과 같은 것이다. 또한 화기가 멸한 후에 연기와 재가 다시 합쳐져서 불이 될 수는 없는 것이니, 사람이 죽은 후에 혼기와 체백이 다시 합쳐져서 사람이 될 수는 없는 것이다. 그 이치(理)가 어찌 명백하지 아니한가?"

[해석] 마지막까지 자신의 이론의 허점에 스스로 반론을 제기하는 삼봉의 치밀한 논리구성에 찬탄을 금하지 않을 수 없다. 그리고 마지막을 문답의 형태로 장식함으로써 문학적인 향기를 더하고 있다. 이 자문자답식의 문단은 자주(自註)의 형태로 한 칸 내려썼다. 그 질문은 혼과 백의 분리라는 것을 인정한다 할지라도, 그 혼과 백이 천지간에 남아있는 한 불가의 정신불멸과 다를 바 없는 이론일 수도 있다는 반론인 것이다. 이 당시는 물론 에너지개념이 없었고, 에너지보존의 법칙과 같은 법칙적 사고는 없었다. 그러나 기(氣)라는 개념은 물리학의 에너지개념에 가까운 추상성과 포괄성을 가지고 있었고 또 에너지보존의 법칙과 유사한 사유형태는 이미 근

세유학자들에게 깔려있었던 것이다. 천지지간의 기의 취산의 총량은 일정하다고 본 것이다. 그러나 취산의 과정에서 일어나는 창조성의 온갖 형태는 일정한 개체수의 순환으로써는 설명될 길이 없으며 또 그 이산과 취합이 한 개체의 동일성을 유지하는 방식으로 이루어지지는 않는다는 것이다. 내가 죽으면 나의 기는 대기로 흩어지고 그 대기는 다시 모여 생명체를 이루지만 다시 생겨난 개체 속에 나의 기의 지속가능성은 억만분의 일도 되지 않는 것이다. 나 개인존재의 동일성의 지속 그 자체가 하나의 아집이며 집념이다. 그보다는 천지라는 공적인 장(場)에 대한 신념을 갖는 것이 더 중요하다. 삼봉의 건국철학은 곧 개체의 존속이 아닌, 천지라는 공적인 장에 대한 믿음을 강조하는 인의 철학을 주축으로 삼고 있다. 천지의 생물의 마음으로써 나의 마음을 삼는 것이 곧 인(仁)이라고 하는 "정보위"(正寶位)의 사상이 윤회론비판의 배경을 형성하고 있는 것이다.

불교에서도 아라야식(ālaya-vijñāna, 阿賴耶識)론까지 깊게 내려가면, 그리고 달라이라마가 말하는 "미세한 마음" (Subtle Mind)의 이론까지 상술하면,[22] 윤회의 주체가 반드시 동일한 개체성의 지속을 의미하는 것만은 아니다. 그리고 윤회의 주체는 나의 몸(Mom)이 아니며 어디까지나 마음이다. 그리고 대승불교에서는 윤회와 무아의 모순을 아예 번뇌(煩惱)가 곧 보리(菩提)이며, 생사의 윤회(輪廻)가 곧 열반(涅槃)이라는 식으로 래디칼하게 현상론적으로 일원화시켜 버렸다. 대승불교의 반야론은 이런 근원적 부정성에 관하여 철두철미한 논리를 발전시켰다. 그리고 불교의 윤회는 궁극적으로 현실사바세계의 도덕성에 대한 관심에서 생겨난 것이며, 현실을 도피하려는 피세간적인 사상은 아니다. 그러나 지금 정도전이 비판하고 있는 것은 그러한 고차원의 건강한 불학(佛學)이 아니라 고려말의 현실정치·사회와 밀접한 관계를 맺고 있는 대중의식 속의 불교(佛敎)인 것이다. 그리고 오늘날까지도 불교에 대한 관념을 지배하는 것은 미묘한 이론이 아니라 대중적 의식이라는 점에서 삼봉의 비판은 정당하다. 모든 종교는 끊임없는 비판의 지평에 자신을 개방할 수 있을 때만이 그 원래 소기한 바, 구원의 역사를 달성할 수 있는 것이다.

---

22) 이러한 문제는 나의 책, 『달라이라마와 도올의 만남』(서울: 통나무, 2002), 제3권, pp.684~699를 참고할 것.

# 佛氏因果之辨
## 불씨의 인과를 분변함


**원문** 或曰:「吾子辨佛氏輪廻之說, 至矣。子言人物皆得陰陽五行之氣以生。今夫人則有智愚賢不肖, 貧富貴賤壽夭之不同。物則有爲人所畜役, 勞苦至死而不辭者, 有未免網羅釣弋之害, 大小强弱之自相食者。天之生物, 一賦一與, 何其偏而不均如是耶? 以此而言釋氏所謂生時所作善惡, 皆有報應者, 不其然乎? 且生時所作善惡, 是之謂因; 佗日報應, 是之謂果。此其說, 不亦有所據歟?」


**번역** 누군가 나에게 이렇게 말했다: "자네가 불씨 윤회의 설을 비판한 것은 매우 지당하다고 생각하네. 그리고 또 자네는 인(人)과 물(物)이 모두 음양오행의 기를 받아 생하였다고 말했네. 그런데 지금 사람으로 말하자면, 지혜롭고 어리석고, 현명하고 현명치 못하고, 가난하고 부유하고, 고귀하고 비천하고, 오래 살고 일찍 죽는 차이가 있는가 하면, 물(物)로 말하자면, 사람에게 부림을 당해 고생만 하다가 꼼짝없이 도륙을 당하는 놈이 있고, 그물이나 낚시나 작살의 해를 면치 못하는 놈이 있고, 크고 작고 강하고 약한 것들이 저희들끼리 서로 잡아먹기도 하는 등 천차만별의 종류가 있네. 하늘이 물(物)을 생함에 하나 하나 제각기 다른 명을 부여하는 것이 어찌하여 이다지도 치우쳐 고르지 못한 것일까? 이러한 이치로써 석씨가 말하는 바, 살아 있을 때 지은 선악의 업이 반드시 보응이 있다고 하는 것을 해석한다면, 그것 또한 그러하다고 말할 수밖에 없지 않겠는가? 또한 살아있을 때 지은 선과 악이 인(因)이 되고, 그것이 훗날 보응이 있을 것을 과(果)라 일컫는다면, 이러한 설은 매우 근거가 있다고 말해야 하지 않을까?"

[해석] 삼봉은 일단 자신의 윤회비판의 논리가 성공했다고 자신한다. 그러나 바로 그 자신의 성공한 논리에 의하여 불교의 인과론을 긍정하는 반론을 펴고 있다. 그리고 또 다시

그 인과론긍정에 대한 반격을 시도하는 것이다.

　음양오행의 생생지도(生生之道)는 분명 인과율이 적용되는 세계다. 그리고 그것은 기의 취산에 의한 차별성이 인정되는 세계다. 그 차별성의 원인에 관하여 윤리성을 배제할 수 없다면, 결국 음양오행의 기의 세계와 불교의 인과의 세계는 동일한 논리구조를 가지고 있다는 것이다.

**원문**　曰:「予於上論人物生生之理悉矣, 知此則輪廻之說自辨矣. 輪廻之說辨, 則因果之說, 不辨而自明矣. 然子旣有問焉, 予敢不推本而重言之? 夫所謂陰陽五行者, 交運迭行, 參差不齊. 故其氣也, 有通塞偏正淸濁厚薄高下長短之異焉. 而人物之生, 適當其時, 得其正且通者爲人, 得其偏且塞者爲物. 人與物之貴賤, 於此焉分. 又在於人, 得其淸者智且賢, 得其濁者愚不肖, 厚者富而薄者貧, 高者貴而下者賤, 長者壽而短者夭, 此其大略也. 雖物亦然, 若麒麟龍鳳之爲靈, 虎狼蛇虺之爲毒, 椿桂芝蘭之爲瑞, 烏喙菫茶之爲苦, 是皆就於偏塞之中

而又有善惡之不同。然皆非有意而爲之。易曰：『乾道變化，各定性命。』先儒曰：『天道無心而普萬物。』是也。今夫醫卜，小數也。卜者定人之禍福，必推本於五行之衰旺。至曰『某人以木爲命，當春而旺，當秋而衰，其象貌靑而長，其心慈而仁。』『某人以金爲命，吉於秋而凶於夏，其象貌白而方，其心剛而明。』曰水曰火，莫不皆然。而象貌之醜陋，心識之愚暴，亦皆本於五行稟賦之偏。醫者診人之疾病，又必推本於五行之相感。乃曰『某之病寒，乃腎水之證。』『某之病溫，乃心火之證』之類，是也。其命藥也，以其性之溫涼寒熱，味之酸鹹甘苦。分屬陰陽五行而劑之，無不符合。此吾儒之說，以人物之生，爲得於陰陽五行之氣者，明有左驗，無可疑矣。信如佛氏之說，則人之禍福疾病，無與於陰陽五行，而皆出於因果之報應，何無一人捨吾儒所謂陰陽五行，而以佛氏所說因果報應，定人禍福，診人疾病歟！其說荒唐謬誤無足取信如此，子尙惑其說歟？」

[번역] 나는 이에 다음과 같이 대답하였다: "나는 앞에서

이미 인물이 생생하는 이치를 자세히 논하였으니 이를 이해한다면 윤회의 설이 스스로 분변될 것이요, 윤회의 설이 분변되면 인과의 설도 또한 내가 구구히 변론하지 않아도 스스로 명백해질 것이다. 그러나 그대가 이미 나에게 질문을 하였으니 내가 어찌 감히 그 근본을 따져 다시 말하지 않을 수 있을까 보냐? 대저 음양오행이라 하는 것은 엇바뀌면서 운행하고 들쑥날쑥하여 획일적이질 않다. 그러므로 기라고 하는 것은 본시 통하고 막히고, 치우치고 바르고, 맑고 흐리고, 두껍고 얇고, 높고 낮고, 길고 짧음의 다름이 있는 것이다. 그러므로 사람과 물이 생할 때에도 마침 그 태어나는 상황에 따라 바르고 통한 기를 얻는 것이 사람이 되고, 치우치고 막힌 기를 얻는 것이 물이 된다. 사람과 물의 귀천이 이렇게 하여 나뉘어지는 것이다. 또한 사람에 있어서도 그 맑은 기를 얻은 자는 지혜롭고 현명하게 되고, 그 탁한 기를 얻은 자는 어리석고 불초하게 되고, 후한 기를 얻은 자는 부유하게 되고, 박한 기를 얻은 자는 가난하게 된다. 또 높은 기를 얻은 자는 귀하게 되고 낮은 기를 얻은 자는 천

하게 되고, 긴 기를 얻은 자는 오래살고 짧은 기를 얻은
자는 단명하니, 이것이 기의 차별성에 관한 대략이다.
그런데 이것은 물의 경우도 마찬가지다. 기린·용·봉이
신령스러운 것, 호랑이·늑대·독사가 독살스러운 것,
춘·계·지·난초가 상서로운 것, 오훼·씀바귀가 쓰디
쓴 것, 이런 것들은 기가 치우치고 막힌 가운데서도 또
좋고 나쁨의 차별에 따라 구별되는 것이다. 그러나 이것
은 어떤 의도에 따라서 이렇게 조작되는 것은 아니다.
『주역』에 이르기를 '건의 도가 변화하여 각각의 성(性)
과 명(命)을 정한다'하였는데, 선유가 '하늘의 도는 의
도적인 마음이 없이 만물을 두루 덮는다'한 것이 바로
이것이다.

오늘날 의술이나 점복은 작은 기술에 불과하다. 그러나
점치는 사람이 타인의 화복을 정할 때에도 반드시 오행
의 쇠하고 왕성함에 미루어 해야 하는 것이다. '어떤 사
람이 목명(木命)을 지녔으면 봄에는 왕성했다가 가을에
는 쇠하고, 그 모습은 푸르고 길고, 그 마음은 자애롭고
어질다.' 또 '어떤 사람이 금명(金命)을 지녔으면 가을

에는 길하고 여름에 흉하며, 그 모습은 희고 각지며, 그 마음은 강하고 밝다'고 점치는 사람은 말하기에 이르는 것이다. 수명(水命)을 지닌 사람, 화명(火命)을 지닌 사람 또한 모두 이런 법칙에 지배된다. 용모의 추함이나 비루함, 마음의 어리석음과 난폭함이 모두 오행을 품부받는 것이 치우친 데 근원하게 되는 것이다.

또 의사가 사람의 질병을 진찰할 때도 반드시 오행이 서로 감응하는 것에 근본해야 하는 것이다. '어떤 사람의 병이 한증이면 그것은 신수(腎水)의 문제고, 어떤 사람의 병이 온증이면 그것은 심화(心火)의 문제다'라고 진찰하는 것이 곧 이것이다. 약제를 쓸 때에도 그 약성이 따스하고 시원하고 차고 더운 것, 또 그 약미가 시고 짜고 달고 쓴 것에 따라 음양오행으로 분류하여 조제하면 들어맞지 않음이 없는 것이다.

이것은 우리 유가의 설이며, '사람과 만물이 음양오행의 기를 얻어 생한다' 하는 것이 명백히 증험되는 것이니 의심할 여지가 없는 것이다. 불씨의 설을 믿어 사람의 화복질병이 음양오행과 무관하며 모두 인과의 보응에서

기인된 것이라고 한다면, 왜 우리 유가가 말하는 음양오
행을 버리고 불씨의 인과응보에 따라 사람의 화복을 정
하고 질병을 치료하는 사람은 단 한 사람도 없단 말인
가? 불씨의 설이 황당하고 오류에 가득차 믿을 것이 못
됨이 이와 같거늘, 그대는 아직도 그 설에 미혹되어 있
는가?"

[해석] 여기 불교의 인과응보(hetu-phala)에 대한 삼봉의 논
박의 논리에서 제기된 문제로서 우리는 다음의 두 주제를 논
의할 수 있을 것이다. 첫째, 인과(causality)를 논하는 데 있어
서 자연적 사실의 사태(the world of facts)의 인과와 인간세
를 지배하는 가치의 세계(the world of values)의 인과는 차원
을 달리하는 것임에도 불구하고 이것이 동차원에서 논의되고
있다는 것이다. 현대물리학에서조차 사실과 가치의 확연한 2
분법이 허용되기 어려운 새로운 인식론이 발전되고 있기는
하지만, 일단 자연과학적 인과와 도덕적 인과는 그 필연성의
정도가 전혀 다른 것이다. 그런데 불교는 일반적으로 자연적
사태의 인과까지를 모두 도덕적 인과의 개념 속에 포함시키
는 경향이 있다. 이것은 물론 불교만의 문제가 아니라 고전

적 세계관 일반에 깔려있는, 자인(Sein)과 졸렌(Sollen)이 확연히 분리되어 인식되지 않은 세계관의 문제일 것이다. 그러나 지금 삼봉의 의도는 모든 도덕적 인과까지도 자연과학적 인과개념으로 환원시키려는 것이다. 여기서 물론 "자연과학"이란 "음양오행"을 가리키는 것이고, 그 음양오행의 사례로서 의술(醫術)과 점복(占卜)을 들었다. 의술과 점복의 인과관계가 동차원에서 논의되고 있는 것에 관하여, 오늘날의 독자들은 매우 깊은 의구심을 표현할 것이다. 그러나 고대사회에 있어서 점(prognostication)이라는 것은 미래를 예측하기 위한 수단이며, 오늘날 우리가 믿고 따르는 과학적 지식이 모두 미래를 예측하기 위한 법칙적 이해라고 할 때, 양자간에는 깊은 상관성(correspondence)이 있다. 점이란 한 인간의 명운(命運)의 총체성을 파악하기 위한 노력이라고 할 때, 그것은 혜강이 말하는 바 "측인(測人)의 과학"일 수도 있는 것이다. 그리고 그것은 삼봉에게 있어서는 의사의 진단과도 같은 객관적이고도 법칙적인 이해였다.

그가 든 예를 한번 살펴보자 ! 한 인간이 "이목위명以木爲命"(목기로써 명을 삼았다)이라 할 때 그의 신체는 봄에는(當春) 왕(旺)하고, 가을에는(當秋) 쇠(衰)하고, 그 모습은 청장(靑而

長)하며, 그 마음은 자인(慈仁)하다는 것이다. 한 인간의 명리 (命理)도 이러한 자연과학적 법칙성에 지배받는다는 것이다. 목(木), 춘(春), 청(靑), 인(仁)이 모두 동방목에 해당되는 덕성 인 것이다. 사실 나 도올이 생각컨대, 목기(木氣)를 명(命)으 로 삼는 인간은 실제로 봄에는 쇠(衰)하고 가을에는 왕(旺)해 진다. 목기가 이미 강한 사람은 봄의 목기를 만나면 강한 것 이 더욱 강해져서 몸이 나른해지고 알러지증세가 도지게 되 는 것이다. 그러나 가을의 금기(金氣)를 만나면 금과 목이 상 쇄(相殺)작용을 일으켜 몸의 발란스가 취해지므로 오히려 정 신이 청명해지고 기력이 더욱 강화된다. 다시 말해서 삼봉의 측인방법과 나 도올의 측인방법은 정반대로 다르다. 그러나 여기서 중요한 것은 내가 제기한 반론이 도덕적 반론이 아니 라는 것이다. 객관적 법칙에 대한 해석상의 반론인 것이다. 이와 같이 지금 삼봉이 건설하고자 하는 조선왕조는 인간의 평가가 소수의 주관적·도덕적 평가에 의하여 지배되는 것 이 아닌 보다 객관적인 과학적 평가에 의하여 이루어져야 한 다는 것이다. 사람의 명리(命理)를 따지나, 병리(病理)를 따지 나, 모두 음양오행과 같은 객관적 기준에 의하여 그 진단이 이루어져야 한다는 것이다. 음양오행은 삼봉이 의거할 수 있 는 당대의 유일한 과학이었다. 삼봉에게 보다 진화된 과학적 지식이 있었다면 그는 음양오행을 비판하고, 그러한 새로운 과학적 지식을 수용했을 것이다. 불교의 인과응보는 지나치게 도덕적이며 지나치게 주관적이라서 그 객관성을 보장하기 어려우며, 현실적으로 사람을 평가할 때 그러한 인과응보에 기준하는 사례는 거의 없다는 것이다. 그것은 낡은 패러다임이며 청산되어야 할 패러다임이다.

둘째, 불교의 인과응보는 너무도 시간단위를 길게 잡았다는 것이다. 이것은 윤회를 전제로 한 삼세인과(三世因果)의 당연한 결과인 것이다. 윤회의 주체로서 영혼의 지속을 인정할 때, 그 영혼의 지속 속에는 반드시 도덕적 업장이 축적된 채 인과적으로 연결된다는 것이다. 이러한 문제는 본시 칸트가 『실천이성비판』에서도 제시한 바, 우리의 현실 속에서 경험하는 도덕성과 행복의 불일치를 해결하기 위한 구원한 장치인 것이다. 임마누엘 칸트조차도 순수한 실천이성의 요청으로서 영혼의 불멸(Die Unsterblichkeit der Seele)을 전제하면서 영혼의 저승에로까지 존속을 인정했다.[23] 선업에 따른

---

23) "자세히 말하면, 이승에서나 혹은 자기 생존을 내다볼 수 있는 미래의 어떤 시점에서가 아니라, 하나님만이 내다볼 수 있는 피조물의 무한한 존속(Fortdauer)에 있어서만, 하나님의 뜻에—정의와 조화하지 않은 묵인이나 면제이나가 없이—완전히 적합하기에 이른다."

선과라고 하는, 도덕성과 행복의 일치가 현세에서 보장이 될 수 없다고 해도, 그것은 전세의 가능성과 내세의 가능성을 총체적으로 조감하지 않고서는 응보의 정당성을 확언할 길이 없다는 것이다. 그러나 삼봉은 윤회를 부정했기 때문에 당연히 이러한 삼세인과를 긍정할 길이 없다. 삼봉이 주장하는 인과는 현세적인 것이다. 그것은 바로 혜강이 말하는 바 "방금운화方今運化"인 것이다. 하나의 현세적 이벤트는 그 이벤트가 결과되기까지 무수히 다양한 변수의 원인이 존재한다. 일인일과(一因日果)라고 하는 직선적 도식은 음양오행의 세계에서는 인정될 수가 없다. 그런데 이러한 다양한 변수를 상황적으로 고려해보지도 않고, 오늘 현세의 사건을 전세의 업보의 결과라고 규정한다는 것은 형이상학적 허구에 불과하다는 것이다. 삼봉이 긍정하려는 것은 바로 오늘 여기서 벌어지고 있는 현세 방금(方今)의 인과다. 이 방금의 인과만 따지려 해도 우리의 사려가 못미치는 마당에 어찌하여 전세의 보응을 운운하는가? 삼봉이 건국하려는 조선왕조는 바로 이러한 현세적 인과관계를 중시하는 합리적 사유의 인간들에

---

I. 칸트 저, 최재희 역,『실천이성비판』(서울: 박영사, 1997), p.135. 그리고 이러한 칸트의 논리와 불교의 인과론의 상관성을 다룬 나의 논의는 다음을 참고할 것. 김용옥 지음,『금강경강해』(서울: 통나무, 1999), pp.296~299.

삼봉 정도전의 건국철학

의하여 지배되어야 한다고 본다. 그것은 바로 고려조를 지배하고 있던, 불교를 배경으로 하는 권신세력들의 척결을 의미하는 것이었다.


**원문** 今以至切而易見者比之。酒之爲物也, 麴糵之多寡, 瓮甕之生熟, 日時之寒熱久近, 適相當, 則其味爲甚旨。若糵多則味甘, 麴多則味苦, 水多則味淡。水與麴糵適相當, 而瓮甕之生熟, 日時之寒熱久近, 相違而不相合, 則酒之味有變焉。而隨其味之厚薄, 其用亦有上下之異。若其糟粕, 則委之汚下之地, 或有蹴踏之者矣。然則酒之或旨或不旨, 或上或下, 或用或棄者, 此固適然而爲之耳。亦有所作因果之報應歟? 此喩雖淺近鄙俚, 亦可謂明且盡矣。所謂陰陽五行之氣, 相推迭運, 參差不齊, 而人物之萬變生焉, 其理亦猶是也。聖人設教, 使學者變化氣質, 至於聖賢; 治國者, 轉衰亡而進治安。此聖人所以廻陰陽之氣, 以致參贊之功者。佛氏因果之說, 豈能行於其間哉!

[번역] 지금 지극히 절실하고도 쉽게 관찰할 수 있는 것
으로 비유를 들어보자! 술이 완성되는 과정이란, 누룩
과 얼의 많고 적음, 항아리가 덜 구워졌거나 잘 구워진
것, 날씨의 차고 더움, 기간의 오래됨과 짧음이라는 제반
요소들이 꼭 적당하게 들어맞으면 그 맛이 심히 좋게 된
다. 만약 얼이 많으면 맛이 달고, 누룩이 많으면 맛이 쓰
고, 물이 많으면 맛이 싱겁게 된다. 물과 누룩과 얼이 꼭
알맞게 들어갔어도, 항아리의 생숙(生熟)이나, 날씨의 한
열이나, 기간의 구근(久近)이 서로 어긋나서 조화가 잘
안되면 술맛이 변해버린다. 그리고 그 맛의 진하고 엷음
에 따라 상품·하품의 쓰임이 다르게 된다. 지게미 같은
것은 더러운 땅바닥에 버려져, 오가는 행인의 발길에 채
이고 밟힐 뿐이다. 그러나 술맛이 좋으냐 나쁘냐, 상품
이냐 하품이냐, 쓰이느냐 버려지느냐 하는 것이 원래 그
적당함의 우연에 따라 그렇게 되는 것일 뿐이다. 어찌
술을 만드는 데도 인과의 보응에 따라 그렇게 될 뿐이라
고 말할 수 있겠는가? 이러한 비유는 가깝고 비근한 것
이지만 너무도 명백하고 사리에 미진함이 없는 것이다.

이른바 음양오행의 기라고 하는 것은 서로 밀고 엇갈리어 운행하며 들쑥날쑥 획일적이지 않은 것이다. 그러므로 인간과 사물의 끊임없이 다양한 사태들이 생겨나는 것이니, 그것을 지배하는 이치(理) 또한 이와 같이 다양할 수밖에 없는 것이다. 성인이 가르침을 설(設)한다고 하는 것은 배우는 자로 하여금 기질을 변화시켜 성현에 이르게 하려는 것이요, 다스리는 자로 하여금 쇠망의 길로 접어든 나라를 전환시켜 치안의 나라로 나아가게 하려는 것이다. 이것은 곧 성인께서 음양의 기운을 전환시켜 『중용』이 말하는 바 천지의 화육을 돕고 천지와 더불어 우뚝 설 수 있는 공(功)에 이르게 하려는 것이다. 여기 어찌 그 사이에 불씨의 인과의 설이 용납될 틈이 있겠는가?

해석 이 부분은 삼봉 자주(自註)의 형태로 한 줄 내려 편집된 것이다. 인과지변(因果之辨) 전체에 대한 보충적 설명에 해당된다. 여기 삼봉이 든 양주(釀酒)의 예는 혜강이 말한 방금운화(方今運化)의 인과의 실례로서 너무도 적합한 것이며, 오늘날 과학적 상식으로 볼 때에도 조금도 어긋남이 없다.

이러한 예로써 불교의 인과응보설이 논박되느냐 안되느냐가 중요한 것이 아니라 우리는 그러한 논박을 지배하고 있는 삼봉의 투철한 상식의 논리가 과연 우리에게 무엇을 말하려고 하고 있는가, 그것이 중요한 것이다. 삼봉은 일과(一果)에 대하여 무한히 다양한 다인(多因)을 허용한다. 술이 아름답게 빚어진다고 하는 결과는 최종적으로 우리에게 단일한 이벤트로서 인지된다. 그러나 이러한 단일한 이벤트에 대한 원인은 시간과 공간의 무한히 다양한 함수가 개재되며, 그것은 어디까지나 과정적이며 상황적이라는 것이다. 그리고 이러한 과정은 법칙적 필연성만 지배하는 것이 아니라 모든 요소간의 화합이나 착종으로 발생하는 제반 상황의 우연적 성격이 반드시 부수된다는 것이다. 삼봉은 필연(necessity)과 우연(chance)을 동시에 인정한다. 이러한 사유체계는 선업—선과, 악업—악과의 단순논리를 뛰어넘는 법칙적 세계며 관계그물망의 복합계(complex system)적인 사태인 것이다. 이러한 우연적 요소를 그는 "삼차불제參差不齊"라고 표현하고 있으며,24) 그것을 지배하는 리(理)조차도 다양한 리(理)일 수밖에 없다고 주장한다.

---

24) 삼차(參差)라는 표현은『詩經』國風「周南」의 첫 노래인 "關雎"에서 온 것이다. 황하에 떠돌아 다니는 수초, 물마름의 들쑥날쑥한 모습을 형용한 것이니 그 우연적 성격이 매우 시적으로 표현된 것이다.

이러한 삼봉의 논리의 가장 간요한 핵심은 바로 왜 이러한 음양오행의 가르침을 성인이 설하느냐, 그 목적을 밝히는 데 있다. 즉 그의 음양론적 인과론의 궁극적 목적은 바로 그 모든 방금운화의 원인-결과를 공제(控制)함으로써 배우는 자들로 하여금 기질(氣質)을 변화시키게 하고 다스리는 자들로 하여금 쇠망의 나라(the Nation of Disorder)를 치안의 나라(the Nation of Order)로 반전(返轉)시키는 데 있다. 이것이 바로 정도전의 혁명철학이요, 건국철학이다. 여기서 "배우는 자學者"라 한 것은 조선조의 개국공신을 비롯한 신흥사대부 엘리트 그리고 수구적인 보수지배계층 전체를 가리키는 말이다. 그리고 "다스리는 자治國者"라 함은 이성계를 비롯한 조선왕조의 왕권을 장악한, 그리고 장악하려 하는 모든 사람들을 지칭하는 것이다. 이들 모두 성인(聖人)의 가르침에 복속되는 인간들이다. 성인이란 바로 "음양의 기를 전환시켜迴陰陽之氣" "삼찬지공參贊之功"을 이룩케 하는 작자(作者)들이다.25) 여기 음양의 기를 전환시킨다 할 때 "전환"의 뜻을 나타내는 글자로서 삼봉은 윤회의 회(迴)를 사용하였다. 불교의 윤회조차 긴 시간의 굴레의 순종이 되어서는 아니 되며, 시

---

25) "作者之謂聖"이라는 『예기』「악기」편의 의미맥락에 따라 내가 쓴 말이다.

간의 굴레를 역전시키고 반전시키고 새롭게 창조하는 인간의
행위가 되어야 한다는 것이다. "삼찬지공參贊之功"이란 『중
용』 제22장에 나오는 유명한 말이다.[26] 찬(贊)이란 천지의
화육(天地之化育)을 돕는다는 말이고, 삼(參)은 천지의 화육
을 도움으로써 천과 지와 더불어 삼위일체의 지위에 선다는
뜻이다. 그것은 곧 하늘과 땅과 인간이 같이 참여(參與)한다
는 삼재론(三才論)의 궁극적 명제이기도 한 것이다.[27] 삼봉
은 이러한 중용의 사상을 신왕조의 혁명사상으로 활용한 것
이다. 정권욕에 눈이 어두워 작은 기득권이나 사리에 급급하
여 우왕좌왕, 일체의 이념적 좌표를 설정하지 못하고 있는
오늘 우리 정치가들의 현실을 관망할 때, 요동정벌이라는 전
쟁을 눈앞에 둔 촉급한 시점에서 불교의 인과를 비판하면서
혁명의 철학을 구가하는 분필(奮筆)을 휘두르고 있는 삼봉의
장엄한 자태에 어찌 우리 후학들 고개를 숙이지 않을 수 있
으리오?

---

26) 唯天下至誠, 爲能盡其性; 能盡其性, 則能盡人之性; 能盡人之性,
   則能盡物之性; 能盡物之性, 則可以贊天地之化育; 可以贊天地之
   化育, 則可以與天地參矣。
27) 參은 "삼"과 "참" 두 가지 훈이 다 가능하다. 주자는 전자로 읽었
   다. "與天地參, 謂與天地並立而爲三也。"

삼봉 정도전의 건국철학

# 佛氏心性之辨
## 불씨의 심과 성을 분변함


**원문** 心者, 人所得於天以生之氣, 虛靈不昧, 以主於一身者也。性者, 人所得於天以生之理, 純粹至善, 以具於一心者也。蓋心有知有爲, 性無知無爲。故曰:「心能盡性, 性不能知檢其心。」又曰:「心統情性。」又曰:「心者, 神明之舍, 性則其所具之理。」觀此, 心性之辨可知矣。


**번역** 심(心)이란 것은 사람이 하늘에서 얻어 가지고 태어난 기(氣)이며, 허령하면서도 어둡지 않으며, 한 몸의 주인이 되는 것이다. 성(性)이란 것은 사람이 하늘에서 얻어 가지고 태어난 리(理)이며, 순수하여 지극히 선한 것으로 한마음에 갖추어져 있는 것이다. 대저 심은 지(知)가 있고 위(爲)가 있으나, 성은 지가 없고 위가 없다. 그러므로 말하기를 "심은 성을 다할 수 있지만, 성은 심을 검속할 줄을 알지 못한다"고 했다. 그리고 또 말하기를 "심은 정과 성을 통괄한다"라고 했다. 또 말하기를 "심이란 것은 신명(神明)의 집이요, 성은 그 갖추어진 바의 리(理)이다"라고 했다. 이것을 보면, 심과 성의 구분을 명확히 알 수 있는 것이다.

[해석] 이상은 삼봉이 당시 얼마나 주자학과 주자학의 기초를 이루는 송유선하들의 이론에 정통하고 있었나 하는 것을 명백하게 보여주는 문단이다. 이 문단에서 삼봉은 심(心)·성(性)·정(情)에 관한 모든 송유의 논의를 너무도 간결하고 명료하게 요약하고 있다. 주자는 우선 "심통성정心統性情"이라는 장횡거(張橫渠)의 주장을 성문(聖門)에 크게 기여한 불멸의 진리라고 찬동을 표시하고 그것으로부터 그의 심성론의 틀을 짜들어 간다. 심이란 우리 몸 전체를 주관하는 허령불매(虛靈不昧)한 지각(知覺)작용을 가진 주체로서 단순하게 리(理)나 기(氣)의 어느 한 측면에서 접근하기에는 너무도 포괄적인 것이다. 그것은 반드시 기와 리가 통합된 현실태, 즉 살아있는 물체로서 인식되어야 한다. 그 심의 기적인 측면이 바로 정(情)이며 리적인 측면이 바로 성(性)인 것이다. 따라서 심에는 선·악의 가능성이 항상 공재(共在)하지만 성에는 악

의 가능성이 없다. 즉 그것은 순수지선(純粹至善)한 것이다. 여기서 "순수純粹"하다는 말은 물체적인 공간성을 갖지 않는다는 말이다. 따라서 그것은 현실적으로 독립하여 존재할 수 있는 것이 아니다. 그것은 마치 등불이 기름에 의존하여서만 존재할 수 있는 것과도 같다. 그러므로 심과 성의 관계는 둘이면서도 하나요, 하나이면서도 둘인 관계다.[28] 다시 말해서 성은 심이라는 현실태를 통해서만 존재하는 그 무엇이다. 그것을 "구어일심자具於一心者"라고 표현한 것이다. 그러므로 심은 "유지유위有知有爲"하지만 성은 "무지무위無知無爲"하다는 것이다. 이것이 주자 성론의 특색을 이루는 것이다. 다시 말해서 성은 천리(天理)로써 순수한 것이기 때문에 함부로 지각성(知)과 활동성(爲)을 부여할 수가 없는 것이다. 따라서 심은 성을 능동적으로 지배할 수 있지만 성은 심을 능동적으로 검속할 능력이 없다.(心能盡性, 性不能知檢其心。)[29]

---

28) 惟性與人亦然。所謂一而二, 二而一也。『朱子語類』(北京: 中華書局, 1986), 1, p.87. 大抵心與性, 似一而二, 似二而一, 此處最當體認。1, p.89.

29) 이 주희 언어의 사회과학적 맥락을 논구한 좋은 논문이 하나 있다. 이승환, "朱子 心性論의 사회철학적 함의,"『宋代心性論』, 양승무·이승환·홍원식外(서울: 아르케, 1999), pp.184～188. 이승환 교수(고려대 철학과)는 "리가 기를 관제하지 못한다"(理管不住氣)하는 명제는 단순히 리의 이념적 순수성을 강조한 이론적 명제가

그것은 심이 끊임없이 순화되어 되어나가야 순선(純善)의 이
상일 뿐이다. 이상을 요약하면 다음과 같다.[30)]

| 심心 | |
|---|---|
| 성性 | 정情 |
| 리理 | 기氣 |
| 정靜 | 동動 |
| 인仁 | 측은惻隱 |
| 체體 | 용用 |
| 천리天理 | 인욕人欲 |
| 미발未發 | 이발已發 |
| 미동未動 | 이동已動 |
| 무불선無不善 | 유불선有不善 |
| 형이상자形而上者 | 형이하자形而下者 |

아니라, 도덕적인 지도이념이 당대의 현실관리들에게 먹혀들어가지
않는 지배질서의 일탈현상에 대한 뼈아픈 성찰을 반영하는 것이라
고 일갈한다. 그리고 天理와 人欲, 心·性·情의 문제도 남송의
관직체계의 구체적인 기능관계를 모델로 한 것이며, 지배권력을 지
닌 모든 자들에 대한 준엄한 사회적 비판과 강렬한 도덕적 제어를
요구하는 것이라고 간파한다. 이 논문이 말하고자 하는 주자 심성
론의 현실기능적 측면은 정도전이 누구보다도 정확하게 파악하고
있었다고 판단된다. 다시 말해서 정도전에게 주자 심성론은 형이상
학적 존재론이 아니라 사회개혁의 비판이론(critical theory)이었다.
30) 이 표에 쓰인 어휘들은 『주자어류』 권 4~6, 성리(性理)의 내용중
에서 간추린 것이다.

삼봉 정도전의 건국철학

아마도 이 3자의 관계는 다음과 같은 『주자어류』의 말에 가장 잘 표현되어 있을 것이다.

性者, 心之理; 情者, 性之動; 心者, 性情之主。

성이라는 것은 심의 리(理)이고, 정이라는 것은 성의 동 (動)이고, 심이라는 것은 성과 정의 주(主)이다.

性對情言, 心對性情言。合如此是性, 動虛是情, 主宰是 心。

성은 정에 대하여 말하는 것이고, 심은 성과 정에 대하여 말하는 것이다. 이와 같이 되어야 한다고 하는 당위가 성 이고, 그 당위가 움직인 곳이 정이고, 그것을 주재하는 것은 심이다.31)

───

**원문** 彼佛氏以心爲性, 求其說而不得, 乃曰:「迷之則 心, 悟之則性。」又曰:「心性之異名, 猶眼目之殊稱。」 至楞嚴曰:「圓妙明心, 明妙圓性。」以明與圓, 分而言

───
31) 『朱子語類』 1, p.89.

之。普照曰:「心外無佛, 性外無法。」又以佛與法, 分
而言之。似略有所見矣, 然皆得於想象髣髴之中, 而無
豁然眞實之見, 其說多爲遊辭而無一定之論, 其情可得
矣。

**번역** 그런데 저 불씨는 심(心)으로써 성(性)을 삼아,
그 양자를 구분치 않고 설을 펴다가 안되니까 또 이렇게
말한다: "미망에 빠지면 그것이 심이요, 깨달으면 그것
이 곧 성이다." 또 말하기를: "심과 성이 이름이 다른
것은 단지 안(眼)과 목(目)이 그 명칭만 다른 것과도 같
다." 『능엄경』에서는, "원묘圓妙하도다 명심明心이여, 명
묘明妙하도다 원성圓性이여"라고 말하면서 명(明)과 원
(圓)을 구분하여 말했다. 보조(普照)도, "심心 밖에 불佛
이 없고, 성性 밖에 법法이 없다"라 했는데, 이 또한 불
(佛)과 법(法)을 구분하여 말한 것이다. 뭔가 통찰한 바
가 있는 것 같게도 보이지만, 모든 것이 그럴 듯한 것을
상상해서 얻는 것일 뿐이요, 활연하게 진실을 결정적으
로 갈파하는 견해가 없다. 그 언설은 대부분 구름잡는

애기 같은 것이고, 일정한 논리가 결여되어 있으니 불교 이론의 실정황을 깨달을 수 있는 것이다.

해석 여기 삼봉이 불씨의 심(心)과 성(性)을 분변한다 하는 것은, 유가의 이론은 근본적으로 심과 성의 구분을 확연히 하고 있는데 반하여, 불교의 이론은 심과 성을 통채로 일원화시키고 있다는 것에 대한 불만을 토로한 것이다. "혼미하면 심迷之則心, 깨달으면 성悟之則性"이라는 구문이 불교의 심성론을 단적으로 표현해준다고 할 것이다. 삼봉의 불교심성론비판의 요체는 무엇일까? 과연 그는 심과 성을 통하여 무엇을 말하려는 것일까?

그가 앞서 유교의 입장을 소개하면서 심과 성의 구분을 엄격히 밝히고 성(性)은 "무지무위無知無爲"하다고까지 말한 것은 성을 순선무악(純善無惡)한 도덕의 원리로서 준별시키려는 데 있다. 다시 말해서 인간의 심의 내면에 그 심이 지향해야한 도덕적 이념의 체계가 내장되어 있어야만 하고, 그 도덕적 이념을 지향하는 과정이 "격물치지格物致知"의 본뜻이라고 생각한 것이다. 그것은 물론 관료세력의 도덕적인 자기반성을 요구하는 명제이기도 한 것이다.

그런데 반하여 불교는 두리뭉실하게 심과 성을 일치시킴으로써 심의 도덕적 원리로서의 성을 준별시키는데 실패하고 있다는 것이다. 물론 삼봉이 말하고 있는 불교는 정교한 교학불교의 사상이 아니라 당대의 "직지인심直指人心, 견성성불見性成佛"이나 "차심즉불此心卽佛"을 말하는 매우 상식적인 선종(禪宗)의 이론을 모델로 하고 있다고 보아야 할 것이다. 심을 그렇게 분석적으로 이해하지 않고 두리뭉실하게 깨달음의 세계로 환원시키면, 심은 공(空)이 되어버리고, 그 공 속엔 도덕적 리(理)가 자리잡을 수 있는 여지가 없어진다. 그 것은 공리(空理)일뿐 실리(實理)가 아니라는 것이다. 불교는 오히려 그러한 실리적 세계를 허망한 것으로 간주해버림으로, 결국 이 세계를 사리(捨離)해버리는 출세간(出世間)적 방향으로 치닫게 될 뿐이다. 삼봉의 관심은 출세간이 아니라 입세간(入世間)이요, 사리(捨離)가 아닌 이 현세의 화성(化成)이요 혁명이다. 그 혁명의 궁극적 준거처를 지금 삼봉은 인간의 마음일반이 아닌, 마음의 내면에 자리잡고 있는 순수한 도덕원리인 성(性)으로 보고 있는 것이다.[32]

---

32) 朱子 자신이 心과 性의 관계를 마치 빵 속에 든 앙꼬와 같은 모양으로 그 이미지를 기술한 대목도 있다. 心以性爲體, 心將性做餡子模樣。蓋心之所以具是理者, 以有性故也。『어록』, 1, p.89.

| 불교 | 유교 |
|---|---|
| 심心=성性=공空 | 심心 ≠ 성性=리理 |
| 출세간出世間 | 입세간入世間 |

　삼봉이 불교를 인용한 방식은 매우 부정확하며 그 의미맥락이 애매하다. 그가 인용한『능엄경』의 구절도『능엄경』에 그 모습대로는 나오지 않는다. 그리고 그 맥락을 명(明)과 원(圓)을 나누어 말한 것(分言)이라 했는데 실제로 원문의 맥락은 그러한 분별적·대비적 의미가 포함되어 있질 않다. 삼봉이 그냥 자신의 편의에 따라 구문을 날조한 것이다.[33) 그

---

33)『능엄경』은 羅什의 번역과 般刺蜜帝의 번역 두 종류가 있다. 384~417년간에 鳩摩羅什에 의하여 한역된『首楞嚴三昧經』(대정 15)에는 이 구절은 나오지 않는다. 이 구절은 廣本의 漢譯이며 보통 僞經이라고 간주되는 密敎部의『大佛頂如來密因修證了義諸菩薩萬行首楞嚴經』卷第二에 나오고 있다(대정 19/110下).
于時阿難與諸大衆, 瞪瞢瞻佛目精不瞬, 不知身心顚倒所在。佛興慈悲哀愍阿難及諸大衆, 發海潮音遍告同會, 諸善男子我常說言, 色心諸緣及心所使諸所緣法, 唯心所現。汝身汝心皆是妙明眞精妙心中所現物, 云何汝等遺失本妙, 圓妙明心, 寶明妙性, 認悟中迷, 晦昧爲空, 空晦暗中, 結暗爲色, 色雜妄想, 想相爲身, 聚緣內搖, 趣外奔逸, 昏擾擾相, 以爲心性。一迷爲心, 決定惑爲色身之

內, 不知色身外泊山河虛空大地, 咸是妙明眞心中物。

여기서 삼봉이 인용한 것은 "圓妙明心, 寶明妙性" 부분인데 이것을 "圓妙明心, 明妙圓性"이라고 말을 바꾸어 마치 心과 性, 明과 圓이 서로 엇바뀌어 얽혀있는 것처럼 해놓았다. 그러나 그 뜻이 명료하질 않다. 대체적인 뜻은 本妙를 부연설명한 것으로 明心과 妙性은 결국 같은 의미맥락에서 언급된 것이다. 정조 때 규장각에서 이 『삼봉집』을 편찬하면서 按으로 시작되는 주석을 가한 사람들은 다음과 같이 이를 해석해놓았다. (『삼봉집』의 주석을 權近이 단 것으로 오해하는 사람들이 있는데 양촌 權近은 「心氣理篇」「心問」「天答」외로는 批点만 가했을 뿐 註를 단 바가 없다. 『삼봉집』의 주석 부분은 3종류가 있는데 큰 글씨로 한 줄을 낮추어 써놓은 것은 자지[自識]라 하는 것으로 삼봉 본인의 것이다. 그리고 按이전의 것은 조선조 초기에 성립한 추지[追識]로서 대개 그의 문중사람들의 고증이 주종을 이루는 것이다. 그리고 按이하의 것은 정조 때 『삼봉집』을 편찬한 사람들이 이전의 평석을 참고하면서 새로 가한 것인데 불행하게도 누가 按했는지는 알 수가 없다.)

按楞嚴經曰, 汝等遺失本妙, 圓妙明心, 寶明妙性, 認悟中迷。言心則從妙起明, 圓融照了, 如鏡之光, 故曰圓明妙心。性則卽明而妙, 凝然寂湛, 如鏡之體, 故曰寶明妙性。

按註를 단 사람들도 『능엄경』의 "圓妙明心, 寶明妙性" 원문을 정확히 인용했으면서도 그것을 해석하는 과정에서는 "圓明妙心, 寶明妙性,"으로 바꾸어 놓았을 뿐 아니라, 心을 鏡之光으로 보고, 性을 鏡之體로 본 그들의 논리가 명확히 드러나 있질 않다. 이러한 애매함은 宋 天聖 8년(1030)에 성립한 『首楞嚴義疏注經』에도 여전하지만 그래도 그 중에서는 가장 명료하게 그 원문의 맥락을 잘 해설하고 있다. (대정 39/846上)

云何汝等, 遺失本妙, 圓妙明心, 寶明妙性, 認悟中迷。心卽是性。體遍故圓。無昧故明。具法可重, 故名爲寶。元來自爾, 非適今也, 故云本。言語道斷, 心行處滅, 故稱妙。再三歎美, 故疊言之。

리고 보조의 명제로서 인용한 "심외무불心外無佛, 성외무법性外無法"도 부정적 맥락에서 말한 것을 긍정적 맥락으로 바꾸어 인용한 것이다. 이것은 『수심결修心訣』의 서두를 장식하는 말인데 그 원문은 "약언심외유불若言心外有佛, 성외유법性外有法"으로 되어 있다.[34] 다시 말해서 "심 밖에 부처가 있다고 생각하고 성 밖에 진리가 있다고 생각하여" 자기마음(己心)을 보지 않고 밖으로만 부처를 추구하러 다닌다면, 그래서 머리를 빠개 골수를 드러내고 피를 흘려 경을 쓰는 등, 온갖 힘든 고행을 다 한다해도 결국 그것은 모래를 끓여

---

悟卽是覺, 圓明性也。迷卽不覺, 妄身心也。不覺處覺, 如像處鏡,
虛實可辨, 今棄如鏡之本性, 執似像之身心, 不辨虛實, 斯爲大失,
故云認悟中迷。前云名字何處號爲顚倒, 今正指此顚倒處也。
圓妙明心, 寶明妙性은 體妙를 歎美하여 疊言한 것 뿐이며, 결국
心은 곧 性이라는 것이다. 깨달으면 圓明性이요, 미망에 빠져 깨
닫지 못하면 妄身心일 뿐이다. 이것을 삼봉이 明과 圓을 구분한
맥락에서 이야기한 것으로 인용한 것은 잘못이다. 오히려『능엄경』
의 본의에 충실하게 인용했어야 한다.『능엄경』은 性을 心에서 준
별시키려는 의도가 전무하다.

34) 若言心外有佛, 性外有法, 堅執此情, 欲求佛道者, 縱經塵劫, 燒身
煉臂, 敲骨出髓, 刺血寫經, 長坐不臥, 一食卯齋, 乃至轉讀一大
藏敎, 修種種苦行, 如蒸沙作飯, 只益自勞爾。但識自心, 恒沙法
門, 無量妙義, 不求而得。…過去諸如來, 只是明心底人; 現在諸賢
聖, 亦是修心底人; 未來修學人, 當依如是法。願諸修道之人, 切
莫外求。心性無染, 本自圓性, 但離妄緣, 卽如如佛。『高麗國普
照禪師修心訣』(大正 48/1005下~1006上).

밥을 짓는 것과도 같은 헛수고일 뿐이라는 것이다. 오직 내 마음이 곧 부처임을 깨달아 마음을 닦는데만(修心) 힘써야 한다는 것이다. 심(心)과 성(性)이 본래 오염되지 않은 것이 므로(無染), 망연(妄緣)을 떠나면 곧 내마음이 여여불(如如佛)이 된다는 것이다. 여기서도 삼봉은 보조가 불(佛)과 법(法)을 나누어 말하는 뉘앙스를 풍기고 있으나 결국 그것을 두루뭉실 하나로 만들어 말장난(遊辭)으로 만들어 버리고 말았다고 비판한다. 결국 불가의 논의는 너무 원용한 데 치우치어 활연관통(豁然貫通)하는 어떤 명료한 진리인식을 결하고 있다는 것이다.

**원문** 吾儒之說曰:「盡心知性。」此本心以窮理也。佛氏之說曰:「觀心見性, 心卽性也。」是別以一心見此一心, 心安有二乎哉! 彼亦自知其說之窮, 從而遁之曰:「以心觀心, 如以口齕口, 當以不觀觀之。」此何等語歟! 且吾儒曰:「方寸之間, 虛靈不昧, 具衆理應萬事。」其曰「虛靈不昧」者, 心也;「具衆理」者, 性也;「應萬事」者, 情也。惟其此心具衆理, 故於事物之來, 應之無不各得其當。所

以處事物之當否, 而事物皆聽命於我也。

**번역** 우리 유가의 설은 주장한다: "그 마음을 다하면 그 성을 알 수 있다." 이것은 마음에 근본하여 리(理)를 궁구하는 것이다. 불씨의 설은 주장한다: "마음을 보면 곧 성을 보나니, 그 성 또한 마음이다." 이것은 하나의 마음으로써 또 하나의 마음을 본다는 뜻이 되니, 어찌 마음이 두개 있을 수 있겠는가? 불가 사람들은 스스로 그 설이 궁색함을 알고, 이에 에둘러 말하기를, "마음으로 마음을 본다는 것은 마치 입으로 입을 씹는다 하는 것과 같으니, 마땅히 다음과 같이 말해야 할 것이다. 보지 않는 것으로 본다고." 이것 또한 무슨 궁색한 변명인가!

우리 유가에서는 다음과 같이 말한다: "가슴의 한 치 사이가 허령불매하여 중리를 갖추었고 만사에 응한다." 여기서 "허령불매하다"는 것은 심이다. "중리를 갖추었다"는 것은 성이다. "만사에 응한다"는 것은 정이다. 오직 이 마음이 모든 사물의 이치를 갖추고 있으므로, 사물이

올 때마다, 응수하는 것이 마땅함을 얻지 못하는 것이
없다. 마음이 사물의 마땅함에 처하느냐 못처하느냐 하
는 것은 사물이 나에게서 명을 듣느냐 못듣느냐하는 것
에 달린 것이다.

[해석] 삼봉은 『맹자』의 「진심」장 첫머리에 나오는 말을 들
어 유가의 심과 성의 관계를 설명한다.

盡其心者, 知其性也。 知其性, 則知天矣。 存其心, 養其
性, 所以事天。 殀壽不貳, 脩身以俟之, 所以立命也。

그 마음을 다하면 그 성을 알게 된다. 그 성을 안다는 것
은 곧 하늘을 알게 되는 것이다. 그 마음을 잘 보존하고
그 성을 기른다는 것은 하늘을 섬기는 것이다. 단명할까
오래살까 그런데 마음뺏기지 않고, 몸을 닦으며 하늘의
명을 기다리는 것은 명을 세우는 것이다.

이것은 맹자의 말년의 달관한 심정을 나타내는 심오한 인
생관의 토로이다. 마음을 다한다는 것은 마음의 정감적 측면,
즉 측은한 마음, 부끄러워 할 줄 아는 마음, 사양할 줄 아는

마음, 옳고 그른 것을 구별할 줄 아는 마음, 그런 정감적인 것을 잘 기르고 확충시켜나가면 선한 인간의 본성을 알게 되는 것이다. 그러한 인간의 본성을 알게 되면 그것은 곧 하늘의 마음을 알게 되는 것이다. 이러한 프로세스는 불교의 심성론과 너무도 다른 것이다. 무엇을 일시에 깨닫는(覺) 것도 아니요, 해탈하여 전우주를 관통하려는 것도 아니요, 도덕성을 무시하고 초탈하려는 것도 아니다. 마음은 볼 수 있는 것(觀心)이 아니다. 즉 관(觀)의 대상이 될 수 있는 것이 아니다. 마음이 마음을 본다고 하는 것은 근원적으로 불가능한 것이요, 그렇게 되면 한 인간에게 두개의 마음이 존재하게 되는 것이다. 그것은 정신분열이요 착란이요 망상이다. 마음은 오직 닦는 것이다. 마음을 닦는다는 것은 정(情)적인 마음을 성(性)적인 마음으로 전환시켜 나아가는 것이다. 그것이 곧 맹자가 말하는 "존기심存其心, 양기성養其性"의 의미일 것이다. 이때 인간에게 소중한 것은 정감적인 것이다. 불교는 정욕(情欲)을 멸집의 대상으로만 여긴다. 그러나 유교는 정욕을 긍정하고 정욕 속에서 인간의 도덕성을 수립해가는 것이다. 인간의 도덕적 정감을 잘 보존하여 그 도덕적 본성을 잘 기르는 것이다.[35] 그것이 곧 하늘을 섬기는 것이다. 일찍 죽을까 오래 살까 이따위 것 신경쓸 필요도 없어지고, 오직 하루하루 상식인으로서 몸을 닦고 기다리면 천명을 세우게 되는 것이다. 이것은 해탈이니 구원이니 하는 따위의 협박이나 감언과는 전혀 무관한 것이다. 삼봉의 언어는 이 『맹자』의 「진심」 첫구절에 대한 주자의 집주에 기초하고 있다. 그 핵심은 다음의 두가지 주제로 요약된다.

첫째, 불교의 심에 대한 생각은 근본적으로 도덕적 핵을 상실하고 있다는 것이다. 불교는 지나치게 초윤리적(trans-ethical)이라는 것이다. 이러한 초윤리적 심성론의 기초로서는 새로운 왕조의 인간관을 수립하기에 너무도 허(虛)하다는 것이다. 실리(實理)가 부족하다는 것이다. 즉 모든 인간관계, 그 인간관계의 마땅한 질서도 삼봉에게 있어서는 리

---

35) 주자에 있어서 天理와 人欲의 구분은 결코 無欲과 有欲의 구분이 아니다. 그것은 公과 私, 是와 非, 正과 邪의 구분일 뿐이다. 『朱文公文集』권13,「辛丑延和奏箚」二:「臣聞, 人主所以制天下之事者, 本乎一心。而心之所主, 又有天理人欲之異, 二者一分而公私邪正之塗判矣。蓋天理者, 此心之本然, 循之則其心公而且正; 人欲者, 此心之疾疢, 循之則其心私而且邪。」
그리고 주자를 지나치게 금욕주의적인 사상가로 해석하는 것도 후대의 그릇된 관념의 소산이다. 그는 인욕도 천리에서 우러나오는 것이라 보았으며, 천리도 인욕 속에 내재하는 것으로 보았다. 『朱子語類』1, p.224:「天理人欲分數有多少。天理本多, 人欲便也是天理裏面做出來。雖是人欲, 人欲中自有天理。」

삼봉 정도전의 건국철학

(理)의 문제인 것이다. 그 리의 근원적 기준이 인간의 심성
속에 내재하고 있어야 한다는 것이다.


　둘째, 삼봉은 "진심지성盡心知性"이라는 말을 "본심궁리本
心窮理"라는 말로 바꾸고 있다. 성을 안다는 것은 리를 탐구
하는 것이다. 불교는 궁리(窮理)의 차원을 결여하고 있다고
보고 있는 것이다. 주자가 궁리(窮理)를 "금일격일물今日格一
物, 명일격일물明日格一物"이라 하여 격물치지(格物致知)의
방편으로 생각했는데, 이것이 오늘날 객관사물세계에 대한
과학적이고 귀납적인 탐구를 의미하는 것은 아니라해도, 최
소한 불교보다는 현실적인 세계에 대한 점(漸)적인 이해를
강조하고 있는 것은 분명하다. 궁리(窮理)가 결국 주일무적
(主一無適)의 거경(居敬) 공부와 일치되는 것이라 할때 그것
은 반드시 내외(內外)를 관통(貫通)함으로써 나의 마음의 전
체대용(全體大用)을 드러내야 한다. 주자는 『맹자』를 주석하
여 지성(知性)은 물격(物格)을 이름이요, 진심(盡心)은 지지
(知至)를 이름이라 했다. 삼봉이 말하기를 허령불매자(虛靈不
昧者)는 심(心)이요, 구중리자(具衆理者)는 성(性)이요, 응만
사자(應萬事者)는 정(情)이라 한 것도, 정감적으로 만사에 바
르게 대응함으로써 내 마음 속에 갖추어져 있는 중리를 계발

한다는 뜻이니, 그것은 곧 내외를 관통하는 것이다. 즉 객관세계에 대한 이해와, 그 객관세계를 투영하고 있는 나의 마음의 이치와의 정합성(correspondence)의 과정이 곧 격물치지(格物致知)의 세계라는 것이다. 불교는 최소한 이러한 포괄적 윤리성이나 객관성을 확보하지 못하고, 마음만의 주관적 공부로서의 이심관심(以心觀心)의 판타지에 빠져있게 될 위험성이 농후하다는 것이다. 물론 나는 삼봉의 이러한 비판에 불교가 대답하지 못하리라는 생각을 하지 않는다. 불교는 인간의 어떠한 사유체계보다도 광막한 영역을 매우 치밀하게 접근하는 고도의 이론성을 확립해왔기 때문이다. 그러나 삼봉은 불교적인 허(虛)를 유교적인 실(實)로 바꾸려는 실성적 반전의 제1패러다임을 확립함으로써만 조선왕조의 진정한 출발이 가능하다고 믿고 있는 것이다.[36] 그는 그가 혁명한 새로운 국가의 담론을 생산하려는 것이다.

물론 이러한 실성적 반전이 우리의 삶의 장을 허무의 공적(空寂)으로부터 구원하였다는 것은 의미심장한 것이지만, 조선문명의 일체제도적 문제를 너무 지나치게 도덕적 가치관의

---

36) 여기서 말하는 實性的 反轉의 제1패러다임에 관해서는 김용옥 지음, 『독기학설』(서울: 통나무, 2004), pp.72~75를 참고할 것.

틀 속에 가두어버림으로써 새로운 반전으로 나아가지 않으면 아니되는 취약성을 가지게 되었다는 것을 지적하지 않을 수 는 없다. 그러나 삼봉에게 있어선 그것은 취약성이 아니라 역성혁명이 달성하지 않으면 아니될 당위일 뿐이었다. 그러 한 당위성을 그는 여기서 사물이 나로부터 명(命)을 듣지 않 으면 안된다고까지 표현하고 있는 것이다.

**원문** 此吾儒之學, 內自身心, 外而至於事物, 自源徂流, 一以通貫。如源頭之水, 流於萬派, 無非水也。如持有星之衡, 稱量天下之物, 其物之輕重, 與權衡之銖兩相稱。此所謂元不曾間斷者也。佛氏曰:「空寂靈知, 隨緣不變。」無所謂理者具於其中, 故於事物之來, 滯者欲絶而去之, 達者欲隨而順之。其絶而去之者, 固已非矣; 隨而順之者, 亦非也。其言曰:「隨緣放曠, 任性逍遙。」聽其物之自爲而已, 無復制其是非而有以處之也。

**번역** 이것은 우리 유가의 학문이 안으로는 몸과 마음으로부터, 밖으로는 사물에 이르기까지, 근원으로부터 말류에 이르기까지, 하나로써 관통되어 있음을 말해주는 것이다. 이것은 마치 근원의 샘물이 만갈래로 흘러나가도 물이 아닌 것이 없는 것과도 같다. 또 눈금이 있는 저울을 가지고 천하의 물건을 잴 때, 그 물건의 무게와 추가 움직이는 저울대의 눈금이 항상 서로 부합되는 것과도 같다. 이것이 이른바 원래 간단(間斷)이 없다고 하는 문제인 것이다.

불씨가 말한다: "공적한 영지(靈知)는 연(緣)을 따라 변하지 않는다." 이른바 리(理)라는 것이 그 속에 갖추어져 있지 않기 때문에, 사물을 대함에 막힌 것은 끊어버리고 트인 것은 따르고자 하지만, 끊어버린다고 하는 것 자체가 원래 잘못된 것이요, 따른다고 하는 것 자체도 잘못된 것이다. 그래서 또 불가에서 말하기를, "연(緣)을 따라 빈곳에 풀어놓고 성에 맡기어 소요한다" 했지만, 이것은 사물이 스스로 하는 대로 내버려 둘 뿐이요, 그 옳고 그른 것을 절제하여 알맞게 처리함이 다시없는 것이다.

**해석** 여태까지 계속 논의되어온 논리를 압축적으로 명료하게 표현하고 있다. "안으로는 몸과 마음으로부터 밖으로는 사물에 이르기까지"라는 표현은 내외를 관통하여 내 마음의 전체대용(全體大用)을 드러낸다고 하는 것을 의미한다. 이것은 천하사물의 리를 궁구하는 것이 곧 나의 본성중의 리를 궁구하는 것과 일치한다는 것을 의미한다. 여기에 또다시 주관주의적 위험성이 내포될 수도 있지만, 삼봉은 최소한 저울대의 눈금의 사례를 들어 어떤 객관적인 기준이 서있는 사회윤리를 강조하고 있는 것이다. 삼봉이 해석한 주자학은 주관주의적인 것이 아니라 객관주의적인 것이다. 그리고 그러한 객관성을 그는 연속성, 무간단(無間斷)이라고 표현하고 있는 것이다. 공적한 영지(靈知)가 연을 따라 변하지 않는다는 것은 결국 허무한 세계요, 리의 눈금이 존재하지 않는 주관적 세계라는 것이다.[37] 나의 공적한 영지만이 있을 뿐, 구체적

---

37) 이 부분에 대하여 『불씨잡변』본문에 按註가 달려있다. 按: 佛氏以爲, 眞淨心隨緣是相, 不變是性。如一眞金, 隨大小器物, 等是隨緣相也; 本金不變, 是性也。一眞淨心, 隨善惡染淨, 等是隨緣相也; 本心不變, 性也。(불씨는 생각하기를, 본래 진실로 깨끗한 마음이 연을 따라 변하는 것은 상이고, 변하지 않는 것은 성이다. 그것은 마치 한덩어리의 순금이 크고 작은 기물에 따라 변하는 것은 수연상이고, 본래 가지고 있는 금의 성질이 변하지 않는 것은 성인 것과도 같다. 하나의 진실하게 깨끗한 마음이 선·악과 염·

사물의 눈금이 없다. 그것은 무책임한 자유방임일 뿐이다. 지금 우리가 해야할 일은 건국(建國)이다. 나라를 새롭게 세우는 일이다. 만물이 스스로 그러하게 돌아가는 대로 맡기고 앉아있을 수만은 없는 것이다. 우리는 비록 약간의 가치편향이 있을 수 있다해도, 사물의 시비를 정확히 가려서 사회정의를 실현해야 하는 것이다. 그 사회정의를 삼봉은 리(理)라고 보고 있는 것이다. 그것은 기질지성(氣質之性)에 가려지지 않는 본연지성(本然之性)이며 태극(太極)의 본래 보습이 드러나는 것이다. 삼봉이 구현하려는 것은 태극의 바른 이치가 실현되는 사회의 정의인 것이다. 삼강오륜의 도덕성이 바로 서는 사회, 다스리는 자와 다스림을 받는 자가 서로 인(仁)의 질서를 어기지 않는 사회, 모든 인간이 불인인지심(不忍人之心)으로 인간의 기본권리와 권위를 존중하고, 천지생물지심(天地生物之心)으로 창조적 화합을 이룩할 수 있는 사회, 바로 이런 사회를 태극의 리가 실현되는 사회라고 믿고 있는 것이다. 그리고 이러한 사회를 불교라는 종교적 패러다임으로써는 도저히 만들어갈 수 없다고 판단했기에 삼봉은 급박한 벽불(闢佛)의 붓을 움직이고 있었던 것이다.

---

정을 따라 변하는 것은 수연상이요, 본래의 마음바탕이 변하지 않는 것은 성이라 할 수 있다.)

삼봉 정도전의 건국철학

**원문** 是其心如天上之月, 其應也如千江之影。 月眞而影妄, 其間未嘗連續。 如持無星之衡, 稱量天下之物。 其輕重低昂, 惟物是順, 而我無以進退稱量之也。 故曰, 釋氏虛, 吾儒實; 釋氏二, 吾儒一; 釋氏間斷, 吾儒連續。 學者所當明辨也。

**번역** 이것은 그 마음이 하늘위의 달과도 같고, 그것이 응하는 것은 천강의 그림자와도 같은 것이다. 달은 실제의 사물이지만 천강에 비친 것은 달이 아니라 허망한 그림자일 뿐이다. 달과 그림자 사이에는 연속성이 없는 것이다. 이것은 마치 눈금이 없는 저울대를 가지고 천하의 사물을 저울질하겠다고 하는 것과도 같은 것이다. 저울쟁반위에 올려진 물건이 가벼운가, 무거운가, 저울대가 내려가는가, 올라가는가, 이것을 그냥 물건에만 맡겨둔다면, 내가 추를 움직여서 그 사물의 무게를 잰다고 하는 행위가 없게되는 것이다. 그래서 나는 말한다: "석씨는 허하고 우리 유가는 실하다. 석씨는 둘이며 우리 유가는 하나다. 석씨는 단절이고 우리 유가는 연속이다."

배우는 자들이여 ! 어찌 이것을 명확히 분변하지 않을까
보냐 !

[해석] 여기 삼봉의 언어는 박력의 극치를 달리고 있다. 맑
스 · 엥겔스의『공산당선언문』보다도 더 힘차게 우리의 가슴
을 쿵쿵거리게 만드는 힘이 있다. 삼봉이 궁극적으로 꿈꾸는
세계는 프롤레타리아 독재의 세계는 아니다. 그것은 획일적
인 사회가 아닌, 사 · 농 · 공 · 상이 제각기 안분(安分)할 수
있는 조화의 사회였고, 왕권의 전횡이 최소한으로 억제될 수
있는 사회였다. 그리고 가장 결정적인 것은 그것은 계급이
없는 사회(class-less society)가 아니라 종교가 없는 사회
(religion-less society)였다. 아니, 종교를 근원적으로 불필요
하게 만드는, 태극의 윤리적 질서가 자율적으로 지켜지는 사
회였다. 이것은 결코 규범적 명령만으로는 이루어지지 않는
다. 그리고 인간의 자율적 복속이란 매우 어려운 것이다. 인
욕(人欲)을 억제하고 천리(天理)를 보존하는 그러한 자율성은
성인에게서만 가능한 것이다. 결국 삼봉이 만들려는 질서가
완벽하게 이루어질려면 전국민이 성인(聖人)이 될 수밖에 없
는 것이다. 실제로 정도전은 그러한 사회를 꿈꾸었다. 그래서
요청된 것은 전인민의 유교적 교육이었다. 이러한 교육을 위

삼봉 정도전의 건국철학

하여 그가 요청한 것은 플라톤이 에피스테메(epistēmē)와 독사(doxa)를 양분하고, 이데아계와 그림자계를 구분하고, 가사계(可思界, cosmos noetos)와 가시계(可視界, cosmos horatos)를 엄분하는 그런 이원적 방법(Platonic dualism)이 아니었다. 불교는 달과 그림자의 이원성을 유지한다. 허환과 본체의 양분성을 대승불학의 중관론이나 반야론의 성과에도 불구하고 계속 선호한다. 본체(noumena)와 현상(phenomena)의 이분은 산스크리트어와 희랍어를 포함한 인도유러피안어계의 매우 본질적인 사유패턴인 것이다. 달 그자체의 실재성은 인정해줄 수 있다. 그러나 천강에 비친 달은 달이 아니다. 그것은 그림자요, 허환이요, 거짓이요, 실존이 아니다. 정도전은 복잡한 형이상학을 말하는 것이 아니라 우리에게 하드한 콤먼센스를 요구하고 있는 것이다. 그런데 정도전의 사후 반세기가 지난 즈음 세조는 『석보상절釋譜詳節』(1447)을 지었고 세종은 『월인천강지곡月印千江之曲』(1448)을 지었다. 정도전이 거부한 바로 그 논리에 의하여 부처님의 중생교화를 예찬한 것이다. 천강에 비친 달 그림자를 부처님의 백억세계(百億世界)의 화신(化身)으로 칭송한 것이다. 여기서 우리는 정도전이 추구했던 벽불의 논리가 얼마나 당시 사회에는 수용되기 어려웠던 새로운 이론이었나 하는 것을 깨닫게 되는 것이다.

『월인천강지곡』은 역사의 후퇴요, 보수의 득세를 의미하는 상징이기도 했던 것이다.

지금 정도전이 도전하고 있는 것은 단순히 고려의 불교에 그치는 것이 아니다. 그는 인간의 그러한 이원적 사유 전체에 도전장을 내고 있는 것이다. 그러니까 우리나라 여말선초에 이루어진 문명의 패러다임의 전환을 전근대적 역사의 한 터닝으로 간주하는 오류를 범해서는 아니되는 것이다. 그것은 단순히 과거 역사 한 시점의 문제가 아닌, 동서문화교류사에 있어서 인류의 영원한 과제상황(perennial theme)에 속하는 것이다. 만약 삼봉의 건국철학이 없었더라면, 그의 혁명이 좌절로 끝났더라면, 우리나라가 계속해서 불교가 지배하는 종교국가가 되었더라면, 오늘날 우리나라는 보다 덜 합리적인 사회가 되었을 것임이 분명하다. 그리고 보다 다양한 가치를 수용하기 어려운 폐쇄적 국가가 되었을지 모른다. 유교가 지나치게 윤리적 규범성을 강조하기 때문에 폐쇄적이고 옹고집이 쎄고 개화에 늦고 여성을 탄압했으며 치자의 권력에만 아부하는 보수성이 강하다고 말할지는 모르겠으나, 우리가 명백히 깨달아야 할 사실은 우리 조선민족은 20세기를 통하여 이 지구상의 어떠한 민족보다도 인류문명의 성취를

합리적으로 그리고 진취적으로 수용했다는 것이다. 이것은
삼봉이 이룩한 패러다임이 첫째 과학에 적대적이질 않았으
며, 둘째 모든 종교를 포용하는 합리적 상식의 바탕을 견지
했으며, 셋째 절대군주의 붕괴와 민주적 정치제도의 수용을
촉진시켰으며, 넷째 어떠한 상황에서도 인간의 교육이라는
가치를 우선시켰으며, 다섯째 상업자본과 사유재산의 증대를
당연한 가치로 용인했으며, 여섯째 예술의 깊이와 다양성을
창조하는 감성을 길러주었다는 것이다. 이것은 확고부동한
결과적 사실이다. 그리고 결코 삼봉의 패러다임과 무관하다
고 말할 수 없는 우리의 실존인 것이다.

   삼봉이 말하는 바 "석씨는 둘 우리 유가는 하나, 석씨는
단절 우리 유가는 연속"이라는 명제는 바로 현상계와 본체계
의 단절을 허락하지 않는 윤리적 일원성을 말하는 것이다.
본체계와 현상계의 단절은 과거 중세사회에서는 필요했던 사
유의 이원성이었다. 그리고 그것은 서구역사에 있어서 연역
적 과학을 탄생시키는데 결정적 공헌을 하였다. 그러나 오늘
날의 과학은 더 이상 그런 초월적 종교의 입법성을 요청하지
않는다. 현상의 일원적 질서만으로도 본질을 추구해 나갈 수
있다고 믿는다. 삼봉이 석씨는 둘, 유교는 하나라는 명제에는

이러한 컨템포러리한 문제상황이 내포되어 있다. 인간의 가장 내면적인 문제, 왜 인간은 종교적이어야만 하는가? 윤리적 상식만으로도 우리는 모든 종교적 열망을 포섭할 수 있지 않을까? 그것은 삼봉의 확신이요 믿음이었다. 그것은 노자의 무위나 불교의 여여(如如)와 같은 방관으로는 이루어질 수 없는 문제라고 생각했다. 혁명이란 새로운 질서를 창조하는 것이다. 그 질서는 저울의 눈금과도 같은 것이다. 그런데 사물의 무게를 알려면 저울대에 올려진 사물을 방관할 수는 없다. 분명 우리는 추를 옮겨서 눈금에 맞추는 행위를 해야한다. 혁명은 무위가 아닌 유위다. 그것은 방관이 아닌 참여요 작위다 ! 오늘 21세기를 살아가는 조선의 학인들이여 ! 어찌 이러한 삼봉의 외침을 오늘 여기 이땅에서 우리가 외면할 수 있을 것인가? 삼봉의 패러다임을 요약하면 다음과 같다.

| 석씨釋氏 | 오유吾儒 |
|---|---|
| 허虛 | 실實 |
| 이二 | 일一 |
| 간단間斷 | 연속連續 |

『주자어류』에는 다음과 같은 말이 있다.

釋氏虛, 吾儒實; 釋氏二, 吾儒一。
釋氏以事理爲不緊要而不理會。

석씨는 허하고 우리 유가는 실하다. 석씨는 둘이고 우리
유가는 하나다. 석씨는 사리를 긴요하다고 생각치 않았
다. 그래서 사리를 이해하지 못했다.[38]

삼봉의 언어와 주자의 언어가 일치한다고 해서 우리는 삼
봉의 언어가 주자의 카피라고 보는 오류를 범해서는 안된다.
삼봉이 주자로부터 계발을 받았고 그 언어를 차용하고 있는
것은 사실이지만 삼봉의 언어는 어디까지나 삼봉의 고유문제
의식 속에서 피어난 그 자신의 언어요, 이 조선땅의 역사현
실이 잉태시킨 언어다. 여태까지 우리는 살아있는 우리 조상
의 언어를 너무도 읽지 못했다. 그들의 살아움직이는 삶 그
자체를 살아있는 그 모습대로 구성할 능력이 우리에게 없었
기 때문이었다. 여기에 바로 우리가 인류의 가장 위대한 사
상가·혁명가의 한 사람으로서의 삼봉을 재조명해야하는 당

---

38) 『주자어류』 8, p.3015.

위성이 있다 !  삼봉의 유혼은 아직도 조선의 푸른 창공을 배회하고 있는 것이다.39)

---

39) 지면과 시간의 제약으로 여기서 『불씨잡변』의 주석은 종료한다. 앞으로 이와 같은 주석이 후학들에 의하여 계속 시도되기를 빈다. 이어서 다음과 같은 주제들이 토론되고 있다: 佛氏作用是性之辨, 佛氏心跡之辨, 佛氏昧於道器之辨, 佛氏毀棄人倫之辨, 佛氏慈悲之辨, 佛氏眞假之辨, 佛氏地獄之辨, 佛氏禍福之辨, 佛氏乞食之辨, 佛氏禪敎之辨, 儒釋同異之辨, 佛法入中國, 事佛得禍, 舍天道而談佛果, 事佛甚謹秊代尤促, 闢異端之辨. 이 부분에 대해서는 내가 읽은 바대로 엄밀한 표점작업을 한 원문만을 실어 놓는다. 그리고 끝으로 삼봉을 주석하는 데 있어서 민족문화추진회의 초역작업이 큰 도움이 되었음을 밝힌다. 번역자는 신호열, 김도련, 조준하, 홍찬유선생 다섯 분이다. 민족문화추진회, 『국역 삼봉집』, 2권, 서울: 민족문화문고간행회, 1977.

삼봉 정도전의 건국철학

# 佛氏作用是性之辨

愚按, 佛氏之說, 以作用爲性。龐居士曰:「運水搬柴,
無非妙用。」是也。按: 龐居士偈曰:「日用事無別, 唯吾自偶諧。
頭頭須取舍, 處處勿張乖。神通幷妙用, 運水及搬柴。」蓋性者,
人所得於天以生之理也; 作用者, 人所得於天以生之
氣也。氣之凝聚者爲形質, 爲神氣。若心之精爽, 耳目
之聰明, 手之執, 足之奔, 凡所以知覺運動者, 皆氣也。
故曰:「形旣生矣, 神發知矣。」人旣有是形氣, 則是理
具於形氣之中。在心爲仁義禮智之性, 惻隱羞惡辭讓是
非之情。在頭容爲直, 在目容爲端, 在口容爲止之類,
凡所以爲當然之則而不可易者, 是理也。劉康公曰:「人
受天地之中以生, 所謂命也。故有動作威儀之則, 以定
命也。」其曰「天地之中」者, 卽理之謂也。其曰「威儀之
則」者, 卽理之發於作用者也。朱子亦曰:「若以作用爲
性, 則人胡亂執刀殺人, 敢道性歟?」且理, 形而上者

也；氣, 形而下者也。佛氏自以爲高妙無上, 而反以形
而下者爲說, 可笑也已。學者須將吾儒所謂「威儀之則」
與佛氏所謂「作用是性」者, 內以體之於身心, 外以驗之
於事物, 則自當有所得矣。


## 佛氏心跡之辨


心者, 主乎一身之中。而跡者, 心之發於應事接物之上
者也。故曰：「有是心, 必有是跡。」不可判而爲二也。
蓋四端五典萬事萬物之理, 渾然具於此心之中。其於事
物之來, 不一其變。而此心之理, 隨感而應, 各有攸當
而不可亂也。人見孺者匍匐入井, 便有怵惕惻隱之心。
是其心有仁之性, 故其見孺者也, 發於外者便惻然。心
與跡, 果有二乎？曰羞惡, 曰辭讓, 曰是非, 莫不皆然。
次而及於身之所接。見父則思孝焉, 見子則思慈焉, 至
於事君以忠, 使臣以禮, 交友以信, 是孰使之然耶？以
其心有仁義禮智之性, 故發於外者亦如此。所謂體用一

源, 顯微無間者也. 彼之學, 取其心, 不取其跡. 乃曰: 「文殊大聖, 遊諸酒肆, 跡雖非而心則是也.」 佗如此類 者甚多, 非心跡之判歟? 程子曰: 「佛氏之學, 於敬以 直內, 則有之矣; 義以方外, 則未之有也. 故滯固者入 於枯槁, 疏通者歸於恣肆, 此佛之教所以隘也.」 然無 義以方外, 其直內者, 要之亦不是也. 王通, 儒者也. 亦曰: 「心跡判矣.」 蓋惑於佛氏之說而不知者也, 故并 論之.


## 佛氏昧於道器之辨


道則理也, 形而上者也; 器則物也, 形而下者也. 蓋道 之大原, 出於天, 而無物不有, 無時不然. 卽身心而有 身心之道, 近而卽於父子君臣夫婦長幼朋友, 遠而卽於 天地萬物, 莫不各有其道焉. 人在天地之間, 不能一日 離物而獨立. 是以凡吾所以處事接物者, 亦當各盡其 道, 而不可或有所差謬也. 此吾儒之學, 所以自心而身

而人而物，各盡其性，而無不通也。蓋道雖不雜於器，
亦不離於器者也。彼佛氏於道，雖無所得，以其用心積
力之久，髣髴若有見處。然如管窺天，一向直上去，不
能四通八達，其所見必陷於一偏。見其道不雜於器者，
則以道與器岐而二之。乃曰：「凡所有相，皆是虛妄。若
見諸相非相，即見如來。按：此一段，出般若經，言「目前無法，
觸目皆如。但知如是，即見如來。」必欲擺脫群有，落於空寂。
見其道不離於器者，則以器爲道。乃曰：「善惡皆心，萬
法唯識。隨順一切，任用無爲，猖狂放恣，無所不爲。
按：善心將生，隨順一切，任用無爲。惡心將生，猖狂放恣，無所不爲。
心之所有，識乃爲之。惟善惟惡，非心無識，非識無心。心識相對，善
惡生滅。此程子所謂「滯固者，入於枯槁；疏通者，歸於
恣肆」者也。然其所謂道者，指心而言。乃反落於形而
下者之器，而不自知也。惜哉！


## 佛氏毀棄人倫之辨


明道先生曰：「道之外無物，物之外無道。是天地之間，

無適而非道也。」 卽父子而父子在所親, 卽君臣而君臣
在所嚴。 以至爲夫婦爲長幼爲朋友, 無所爲而非道, 所
以不可須臾離也。 然則毁人倫去四大, 按: 四大, 受·想·
行·識。 其分於道遠矣。 又曰:「言爲無不周偏, 而實則
外於倫理。」 先生之辨盡矣。


## 佛氏慈悲之辨

天地以生物爲心, 而人得天地生物之心以生。 故人皆有
不忍人之心, 此卽所謂仁也。 佛雖夷狄, 亦人之類耳,
安得獨無此心哉! 吾儒所謂惻隱, 佛氏所謂慈悲, 皆仁
之用也。 其立言雖同, 而其所施之方, 則大相遠矣。 蓋
親與我同氣者也, 人與我同類者也, 物與我同生者也。
故仁心之所施, 自親而人而物。 如水之流, 盈於第一坎,
而後達於第二第三之坎。 其本深, 故其及者遠。 舉天下
之物, 無一不在吾仁愛之中。 故曰:「親親而仁民, 仁民
而愛物。」 此儒者之道, 所以爲一爲實爲連續也。 佛氏

則不然。其於物也，毒如豺虎，微如蚊虻，尙欲以其身，餧之而不辭。其於人也，越人有飢者，思欲推食而食之，秦人有寒者，思欲推衣而衣之，所謂布施者也。若夫至親如父子，至敬如君臣，必欲絶而去之，果何意歟？且人之所以自重愼者，以有父母妻子爲之顧籍也。佛氏以人倫爲假合，子不父其父，臣不君其君，恩義衰薄。視至親如路人，視至敬如弁髦，其本源先失。故其及於人物者，如木之無根，水之無源，易至枯竭，卒無利人濟物之效。而拔劒斬蛇，略無愛惜，地獄之說，極其慘酷，反爲少恩之人。向之所謂慈悲者，果安在哉！然而此心之天，終有不可得而昧者。故雖昏蔽之極，一見父母，則孝愛之心，油然而生。盍亦反而求之，而乃曰：「多生習氣未盡除。」故愛根尙在，執迷不悟，莫此爲甚。佛氏之敎，所以無義無理，而名敎所不容者，此也。

# 佛氏眞假之辨

佛氏以心性爲眞常, 以天地萬物爲假合。其言曰:「一切衆生種種幻化, 皆生如來圓覺妙心, 猶如空華及第二月。」按: 此一段, 出圓覺經。言衆生業識, 不知自身內如來圓覺妙心。若以智照用, 則法界之無實, 如空華。衆生之妄相, 如第二月。妙心, 本月; 第二月, 影也。又曰:「空生大覺中, 如海一漚發。有漏微塵國, 皆依空所立。」按: 此一段, 出楞嚴經。言大覺海中, 本絕空有。由迷風飄鼓, 妄發空漚, 而諸有生焉。迷風旣息, 則空漚亦滅。所依諸有, 遂不可得。而空覺圓融, 復歸元妙。佛氏之言, 其害多端。然滅絶倫理, 略無忌憚者, 此其病根也, 不得不砭而藥之也。 蓋未有天地萬物之前, 畢竟先有太極, 而天地萬物之理, 已渾然具於其中。故曰:「太極生兩儀, 兩儀生四象。」千變萬化, 皆從此出。如水之有源, 萬派流注, 如木之有根, 枝葉暢茂。此非人智力之所得而爲也, 亦非人智力之所得而遏也。然此固有難與初學言者, 以其衆人所易見者而言之。自佛氏歿, 至今數千餘年。天之昆侖於上者, 若是其確然也; 地之磅礴

於下者，若是其隤然也；人物之生於其間者，若是其燦
然也；日月寒暑之往來，若是其秩然也。是以天體至
大，而其周圍運轉之度，日月星辰逆順疾徐之行，雖當
風雨晦明之夕，而不能外於八尺之璣，數寸之衡。歲年
之積，至於百千萬億之多，而二十四氣之平分，與夫朔
虛氣盈餘分之積，至於毫釐絲忽之微，而亦不能外於乘
除之兩策。孟子所謂「天之高也，星辰之遠也，苟求其
故，千歲之日至，可坐而致」者，此也。是亦孰使之然
歟？必有實理爲之主張也。且假者，可暫於一時，而不
可久於千萬世。幻者，可欺於一人，而不可信於千萬人。
而以天地之常久，萬物之常生，謂之假且幻，抑何說
歟？豈佛氏無窮理之學，求其說而不得歟？抑其心隘，
天地之大，萬物之衆，不得容於其中歟？豈樂夫持守之
約，而厭夫窮理之煩，酬酢萬變之勞歟？張子曰：「明
不能盡誣。」天地日月以爲幻妄，則佛氏受病之處，必
有所自矣。要之其所見蔽，故其所言詖如此，嗚呼惜
哉！予豈譊譊而多言者歟，予所言之而不已者，正惟
彼心之迷昧爲可憐，而吾道之衰廢爲可憂而已耳。

# 佛氏地獄之辨

先儒辨佛氏地獄之說曰：「世俗信浮屠誑誘，凡有喪事，無不供佛飯僧云：『爲死者，滅罪資福，使生天堂，受諸快樂。不爲者，必入地獄，剉燒舂磨，受諸苦楚。』殊不知死者形旣朽滅，神亦飄散，雖有剉燒舂磨，且無所施。又況佛法未入中國之前，人固有死而復生者，何故都無一人誤入地獄，見所謂十王者歟？ 此其無有而未足信也，明矣。」或曰：「釋氏地獄之說，皆是爲下根之人，設此怖令爲善耳。」程子曰：「至誠貫天地，人尚有不化，豈有立僞教而人可化乎？」昔有僧問予曰：「若無地獄，人何畏而不爲惡乎？」予曰：「君子之好善惡惡，如好好色，如惡惡臭，皆由中而出，無所爲而爲之。一有惡名至，則其心愧恥，若撻于市，豈待地獄之說然後不爲惡乎？」其僧默然。於此幷書之，俾世之惑於其說者，知所辨焉。

## 佛氏禍福之辨

天道福善而禍淫, 人道賞善而罰惡。 蓋由人操心有邪正, 行己有是非, 而禍福各以其類應之。詩曰:「求福不回。」夫子曰:「獲罪於天, 無所禱也。」蓋君子之於禍福, 正吾心而已, 修吾己而已。福不必求而自至, 禍不必避而自遠。 故曰:「君子有終身之憂, 無一朝之患。」禍苟有自外而至者, 順而受之而已。 如寒暑之過於前, 而吾無所與也。彼佛氏則不論人之邪正是非, 乃曰:「歸吾佛者, 禍可免而福可得。」 是雖犯十惡大憝者, 歸佛則免之。 雖有道之士, 不歸佛則不免也。 假使其說不虛, 皆出於私心而非公道也, 在所懲之也。況自佛說興, 至今數千餘李, 其間事佛甚篤如梁武唐憲者, 皆不得免焉。 韓退之所謂「事佛漸謹, 李代尤促」者, 此其說不亦深切著明矣乎?

## 佛氏乞食之辨

食之於人, 大矣哉！ 不可一日而無食, 亦不可一日而
苟食。無食則害性命, 苟食則害義理。洪範八政, 食貨
爲先。重民五教, 惟食居首。子貢問政, 則夫子以足食
告之。此古之聖人, 知生民之道, 不可一日而無食。故
皆汲汲於斯, 教以稼穡, 制以貢賦, 軍國有須。祭祀賓
客有給, 鰥寡老幼有養, 而無匱乏飢餓之歎, 聖人之慮
民遠矣。上而天子公卿大夫, 治民而食; 下而農工商
賈, 勤力而食; 中而爲士者, 入孝出悌, 守先王之道,
以待後之學者而食。此古之聖人, 知其不可一日而苟
食, 故自上達下, 各有其職, 以受天養, 其所以防民者,
至矣。不居此列者, 姦民也, 王法所必誅而不赦者也。
金剛經曰:「爾時, 世尊食時, 着衣持鉢, 入舍衛城, 按:
舍衛, 波斯國名。乞食於其城中。」夫釋迦牟尼者, 以男女
居室爲不義, 出人倫之外, 去稼穡之事, 絶生生之本,
欲以其道, 思以易天下。信如其道, 是天下無人也, 果

有可乞之人乎？是天下無食也，果有可乞之食乎？釋迦牟尼者，西域王之子也。以父之位爲不義而不居，非治民者也；以男耕女織爲不義而去之，何勤力之有！無父子君臣夫婦，則又非守先王之道者也。此人雖一日食一粒，皆苟食也。信如其道，誠不食如蚯蚓然後可也，何爲乞而食乎？且食在自力則爲不義，而在乞則爲義乎？佛氏之言，無義無理，開卷便見。故於此論而辨之。

佛氏其初，不過乞食而食之耳。君子尚且以義責之，無小容焉。今也華堂重屋，豐衣厚食，安坐而享之，如王者之奉。廣置田園臧獲，文簿雲委，過於公卷。奔走供給，峻於公務。其道所謂斷煩惱出世間，清淨寡欲者，顧安在哉！不惟坐費衣食而已。假托好事，種種供養，饌食狼藉，壞裂綵帛，莊嚴幢幡，蓋平民十家之産，一朝而費之。噫！廢棄義理，既爲人倫之蟊賊，而暴殄天物，實乃天地之巨蠹也。張子曰：「上無禮以防其僞，下無學以稽其蔽，非獨立不懼，精一自信，有大過人之才，何以正立其間，與之較是非計得失哉！」噫！先正之所以深致歎息者，豈偶然哉！豈偶然哉！

## 佛氏禪敎之辨

佛氏之說, 其初不過論因緣果報, 以誑誘愚民耳。雖以
虛無爲宗, 廢棄人事, 尚有爲善得福, 爲惡得禍之說,
使人有所懲勸, 持身戒律, 不至於放肆。故人倫雖毀,
義理未盡喪了。至達摩入中國, 自知其說淺陋, 不足以
惑高明之士。於是曰:「不立文字, 言語道斷; 直指人
心, 見性成佛。」其說一出, 捷徑便開, 其徒轉相論述。
或曰:「善亦是心, 不可將心修心; 惡亦是心, 不可將心
斷心。」善惡懲勸之道絶矣。或曰:「及淫怒癡, 皆是梵
行。」戒律持身之道失矣, 自以爲不落窠臼, 解縛去械,
憣然出於禮法之外, 放肆自恣, 汲汲如狂, 無復人理。
所謂義理者, 至此都喪也。朱文公憂之曰:「西方論緣
業, 卑卑喩群愚。流傳世代久, 梯接凌空虛。顧盼指心
性, 名言超有無。按: 佛說大略有三。其初齋戒, 後有義學, 有禪
學。緣之名有十二。曰觸·愛·受·取·有·生·老·死·憂·悲·
苦·惱。業之名有三。曰身·口·意。指心性, 謂卽心是佛, 見性成佛。
超有無, 謂言有則云色卽是空, 言無則云空卽是色。捷徑一以開,

靡然世爭趨。號空不踐實, 躓彼榛棘塗。誰哉繼三聖,
<small>按: 三聖, 謂禹·周公·孔子。</small>爲我焚其書。」甚哉! 其憂之
之深也。予亦爲之憮然三歎。


## 儒釋同異之辨


先儒謂儒釋之道, 句句同而事事異。 今且因是而推廣
之。此曰虛, 彼亦曰虛; 此曰寂, 彼亦曰寂。然此之虛,
虛而有; 彼之虛, 虛而無。此之寂, 寂而感; 彼之寂,
寂而滅。此曰知行, 彼曰悟修。此之知, 知萬物之理具
於吾心也; 彼之悟, 悟此心本空無一物也。此之行, 循
萬物之理, 而行之無所違失也; 彼之修, 絶去萬物, 而
不爲吾心之累也。此曰心具衆理, 彼曰心生萬法。所謂
具衆理者, 心中原有此理。方其靜也, 至寂而此理之體
具焉。及其動也, 感通而此理之用行焉。其曰:「寂然不
動, 感而遂通天下之故」是也。 所謂生萬法者, 心中本
無此法, 對外境而後法生焉。 方其靜也, 此心無有所

住; 及其動也, 隨所遇之境而生. 其曰:「應無所住而
生其心.」按: 此一段, 出般若經. 言應無所住者, 了無內外, 中虛
無物, 而不以善惡是非, 介於胸中也. 而生其心者, 以無住之心, 應之
於外, 而不爲物累也. 謝氏解論語「無適無莫,」引此語. 又曰:「心
生則一切法生, 心滅則一切法滅.」按: 出起信論. 是也.
此以理爲固有, 彼以法爲緣起, 何其語之同而事之異如
是耶? 此則曰酬酢萬變, 彼則曰隨順一切, 其言似乎同
矣. 然所謂酬酢萬變者, 其於事物之來, 此心應之, 各
因其當然之則, 制而處之, 使之不失其宜也. 如有子於
此, 使之必爲孝而不爲賊; 有臣於此, 使之必爲忠而不
爲亂. 至於物, 牛則使之耕而不爲牴觸, 馬則使之載而
不爲踶齧, 虎狼則使之設檻置阱而不至於噬人. 蓋亦各
因其所固有之理而處之也. 若釋氏所謂隨順一切者, 凡
爲人之子, 孝者自孝, 賊者自賊; 爲人之臣, 忠者自忠,
亂者自亂; 牛馬之耕且載者, 自耕且載, 牴觸踶齧, 自
牴觸踶齧. 聽其所自爲而已, 吾無容心於其間. 佛氏之
學如此, 自以爲使物而不爲物所使. 若付一錢則便沒奈
何佗此, 其事非異乎? 然則天之所以生此人, 爲靈於萬
物, 付以財成輔相之職者, 果安在哉! 其說反復, 頭緒

雖多。要之，此見得心與理爲一，彼見得心與理爲二；彼見得心空而無理，此見得心雖空而萬物咸備也。故曰：「吾儒一，釋氏二；吾儒連續，釋氏間斷。」然心一也，安有彼此之同異乎？蓋人之所見，有正不正之殊耳。

四大身中誰是主，六根塵裏孰爲精。按：地水火風四大，和合爲一身，而別其四大則本無主。色聲香味觸法六根塵，相對以生，而別其六根則本無精，猶鏡像之有無也。黑漫漫地開眸看，終日聞聲不見形。按：以慧照用，則雖黑漫漫地開眸看，暗中有明，猶鏡光之暗中生明也。此釋氏之體驗心處，謂有寧有跡，謂無復何存。惟應酬酢際，特達見本根。按：朱子詩。此吾儒之體驗心處。且道心但無形而有聲乎？抑有此理存於心，爲酬酢之本根歟！學者當日用之間，就此心發見處體究之，彼此之同異得失，自可見矣。請以朱子之說申言之，心雖主乎一身，而其體之虛靈，足以管乎天下之理。理雖散在萬物，而其用之微妙，實不外乎人之一心，初不可以內外精粗而論也。然或不知此心之靈而無以存之，則昏昧雜擾，而無以窮衆理之妙；不知衆理之妙，而無以窮之，則偏狹固滯，而無以盡此心之全。此其理勢之相須，蓋亦有必然者。是以聖人設教，使人默

識此心之靈, 而存之於端莊靜一之中, 以爲窮理之本;
使人知有衆理之妙, 而窮之於學問思辨之際, 以致盡心
之功. 巨細相涵, 動靜交養, 初未嘗有內外精粗之擇.
及其眞積力久, 而豁然貫通焉, 亦有以知其渾然一致,
而果無內外精粗之可言矣. 今必以是爲淺近支離, 而欲
藏形匿影, 別爲一種幽深恍惚艱難阻絶之論. 務使學
者, 莽然措其心於文字言語之外, 而曰道必如是然後可
以得之, 則是近世佛學誕·淫·邪·遁之尤者. 而欲移
之以亂古人明德新民之實學, 其亦誤矣. 朱子之言, 反
復論辨, 親切著明. 學者於此, 潛心而自得之, 可也.


佛法入中國按: 此以下至「事佛甚謹, 年代尤促.」
　　　　引用眞氏大學衍義說.


漢明帝聞西域有神, 其名曰佛. 遣使之天竺, 得其書及
沙門以來, 其書大抵以虛無爲宗, 貴慈悲不殺, 以爲人
死精神不滅, 隨復受形, 生時所作善惡, 皆有報應. 故

所貴修鍊, 以至爲佛, 善爲宏濶勝大之言, 以勸誘愚俗.
精於其道者, 號曰沙門. 於是中國始傳其術, 圖其形像.
而王公貴人, 獨楚王英, 最先好之.

　真西山曰:「臣按, 此佛法入中國之始也. 是時所得
　者, 佛經四十二章, 緘之蘭臺石室而已. 所得之像,
　繪之淸凉臺‧顯節陵而已. 楚王英雖好之, 然不過潔
　齋修祀而已. 英尋以罪誅, 不聞福利之報. 其後靈帝
　始立祠於宮中. 魏晉以後, 其法寢盛, 而五胡之君,
　若石勒之於佛圖澄, 符堅之於道安, 姚興之於鳩摩
　羅什, 往往尊以師禮. 元魏孝文, 號爲賢主, 亦幸其
　寺, 修齋聽講. 自是至于蕭梁, 其盛極矣. 而其源則
　自永平始, 非明帝之責而雖哉?」


## 事佛得禍


梁武帝中大通元秊九月, 幸同泰寺, 設四部無遮大會.
釋御服持法衣, 行淸淨大捨, 群臣以錢一億萬, 祈白三

寶，奉贖皇帝。僧衆默然，上還內。上自天監中用釋氏法，長齋斷肉，日止一食，惟菽羹糲飯而已。多造塔，公私費損。時王侯子弟，多驕淫不法。上季老，厭於萬機，又專精佛戒，每斷重罪，則終日不懌。或謀叛逆事覺，亦泣而宥之。由是王侯益橫，或白晝殺人於都街，或暮夜公行剽掠。有罪亡命，匿於主家，有司不敢搜捕。上深知其弊，而溺於慈愛，不能禁也。中大同元季三月庚戌，上幸同泰寺，遂停寺省，講三慧經，夏四月丙戌解講。是夜同泰寺浮屠災，上曰：「此魔也，宜廣爲法事。」乃下詔曰：「道高魔盛，行善障生，當窮玆土木，倍增往日。」遂起十二層浮屠將成，值侯景亂而止。及陷臺城，囚上於同泰寺。上口燥乾，求蜜於寺僧不得，竟以餓死。

　　眞西山曰：「魏晉以後，人主之事佛，未有如梁武之盛者也。夫以萬乘之尊，而自捨其身，爲佛之廁役，其可謂卑佞之極矣。以蔬茹麵食，易宗廟之牲牢，恐其有累冥道也。織官文錦，有爲人類禽獸之形者亦禁之，恐其裁剪，有乖仁恕。臣下雖謀叛逆，赦而不誅，剽盜肆行，亦不忍禁，凡以推廣佛戒也。蓋嘗論之，使仙而可求，則漢武得之矣；使佛而可求，則梁武得之矣。以二君而無得焉，則知其不可求而得也明矣。縱求而得之，戎夷荒幻之敎，不可以治華夏；山林枯槁之行，不可以治國家。況不可求也！漢武貪仙而終致虛耗之禍，梁武佞佛而卒召危亡之厄，則貪佞之無補又明矣。且其捨身事佛，豈非厭塵囂而樂空寂乎？使其能若迦維之嫡嗣視王位如弊屣，褰裳而去之，庶乎爲眞學佛者。而帝也旣以簒弑取人之國，又以攻伐侵人之境。及其老也，雖慈孝如太子統，一涉疑似，忌之而至死，貪戀如此，又豈眞能捨者乎？釋服入道，旣可徼浮屠之福。奉金贖還，又不失天子之貴。是名雖佞佛，而實以誑佛也。且其織文之非實，猶不忍戕之，彼蚩蚩之氓性命，豈能鳥獸比？而連季征伐，所殺不可勝計，浮山築堰，浸灌敵境，舉數萬衆而魚鼈之，曾不小恤。是名雖小仁，而實則大不仁也。且國所與立，惟綱與常，帝於諸子，皆任以藩維，而無禮義之訓。故正德以梟獍之資，始捨父而奔敵

國, 終引賊以覆宗枋。若綸若繹, 或摠雄師, 或鎭上
游, 當君父在亂, 不聞有灑血投袂之意。方且弟兄相
仇, 叔姪交兵, 極人倫之惡。此無佗, 帝之所學者釋
氏也。以天倫爲假合, 故臣不君其君, 子不父其父,
三四十季之間, 風俗淪胥, 綱常掃地, 宜其致此極也。
使其以堯舜三王爲師, 不雜以方外之敎, 必本仁義,
必尙禮法, 必明政刑, 顧安有是哉!」


## 舍天道而談佛果


唐代宗始未甚重佛, 宰相元載王縉皆好佛, 縉尤甚。上
嘗問:「佛言報應, 果有之耶?」載等對曰:「國家運祚
靈長, 非宿植福業, 何以致之? 福業已定, 雖時有小災,
終不能爲害。所以安史皆有子禍, 懷恩出門病死, 二虜
不戰而退。此皆非人力所及, 豈得言無報應也?」上由
是深信之, 常於禁中飯僧百餘人, 有寇至則令僧講仁王
經以禳之。寇去厚加賞賜, 良田美利, 多歸僧寺。載等

侍上, 多談佛事, 政刑日紊矣。

眞西山曰:「代宗以報應爲問, 使是時有儒者在相位, 必以福善禍淫, 虧盈益謙之理, 反復啓告, 使人主凜然知天道之不可誣, 而自彊於修德。 載等曾微一語及此, 乃以宿植福業爲言, 而謂國祚靈長, 皆佛之力。 毋乃厚誣天道乎? 夫唐之所以歷季者, 以太宗濟世安民之功, 不可掩也。 而所以多難者, 以其得天下也, 不純乎仁義綱常, 禮法所在, 有慚德焉。 繼世之君, 克己礪善者少, 恣情悖理者多也。 『天有顯道, 厥類惟彰。』此之謂矣。 載等捨天道而談佛果, 是謂災祥之降, 不在天而在佛也。 爲治之道, 不在修德, 而在於奉佛也。 代宗惟其不學, 故載等得以惑之。 且夫安史之亂, 以其太眞蠱於內, 楊李賊於外, 醞釀而成之也。 而所以能平之者, 由子儀光弼諸人盡忠帝室, 驅而攘之也。 其所以皆有子禍者, 祿山史明以臣叛君, 故慶緖朝義以子弑父, 此天道之所以類應者也。 回紇吐蕃不戰而自退, 則又子儀挺身見虜, 設謀反間之力, 推跡本末, 皆由人事。 而載等乃曰:『此非人力所及。』其欺且誣, 顧不甚哉!」

삼봉 정도전의 건국철학

# 事佛甚謹秊代尤促

元和十四秊, 迎佛骨于京師。 先是功德使上言: 「鳳翔
寺塔, 有佛指骨相傳, 三十秊一開, 開則歲豊人安。來
秊應開, 請迎之。」上從其言。 至是佛骨至京師, 留禁中
三日, 歷送諸寺。 王公士民, 瞻奉捨施, 如恐不及。刑
部侍郎韓愈上表諫曰: 「佛者, 夷狄之一法耳。自黃帝
至禹湯文武, 皆享壽考, 百姓安樂。當是時, 未有佛也。
漢明帝時, 始有佛法。 其後亂亡相繼, 運祚不長。宋・
齊・梁・陳・元・魏以下, 事佛漸謹, 秊代尤促。唯梁
武在位四十八秊, 前後三捨身, 竟爲侯景所逼, 餓死臺
城。事佛求福, 乃反得禍。 由此觀之, 佛不足信可知矣。
佛, 本夷狄之人, 與中國言語不通, 衣服殊製, 不知君
臣父子之情。 假如其身尚在, 來朝京師陛下容而接之,
不過宣政一見, 禮賓一設, 賜衣一襲, 衛而出之, 不令
惑衆也。 況其身死已久, 枯槁之骨, 豈宜以入宮禁? 乞
付有司, 投諸水火, 永絕禍本。」上大怒, 將加極刑, 宰

相裵度崔群等言：「愈雖狂，發於忠懇，宜寬容以開言路。」乃貶潮州刺史。

　眞西山曰：「按，後世人主之事佛者，大抵徼福田利益之事，所謂以利心而爲之者也。故韓愈之諫『歷陳古先帝王之時未有佛而壽考，後之人主事佛而夭促。』可謂深切著明者矣，而憲宗弗之悟也。方是時，旣餌金丹，又迎佛骨，求仙媚佛，二者交擧，曾未朞季，而其效乃爾。福報果安在耶？臣故幷著之，以爲人主溺意仙佛者之戒。」

## 闢異端之辨

堯舜之誅四凶，以其巧言令色方命圮族也。禹亦曰：「何畏乎巧言令色？」蓋巧言令色，喪人之心，方命圮族，敗人之事。聖人所以去之，而莫之容也。湯武之征桀紂也，一則曰：「予畏上帝，不敢不正。」一則曰：「予不順天，厥罪惟均。」天命天討，非己之所得而辭也。夫子曰:「攻乎異端, 斯害也已。」害之一字, 讀之令人凜然。孟子之好辯, 所以距楊墨也, 楊墨之道不距, 聖人之道不行。故孟子以闢楊墨爲已任。其言曰:「能言距楊墨者, 亦聖人之徒也。」其望助於人者, 至矣。墨氏兼愛疑於仁, 楊氏爲我疑於義, 其害至於無父無君。此孟子所以闢之之力也。若佛氏, 則其言高妙, 出入性命道德之中, 其惑人之甚, 又非楊墨之比也。朱氏曰:「佛氏之言, 彌近理而大亂眞」者, 此之謂也。以予惛庸, 不知力之不足, 而以闢異端爲已任者, 非欲上繼六聖一賢之心也。懼世之人惑於其說, 而淪胥以陷, 人之道至於滅矣。嗚呼! 亂臣賊子, 人人得而誅之, 不必士師。邪說橫流, 壞人心術, 人人得而闢之, 不必聖賢。此予之所以望於諸公, 而因以自勉焉者也。


道傳暇日, 著佛氏雜辨十五篇, 前代事實四篇。旣成, 客讀之曰:「子辨佛氏輪廻之說, 乃引物之生生者以明之, 其說似矣。然佛氏之言, 有曰:『凡物之無情者, 從法界性來; 凡有情者, 從如來藏來。』按: 無情者，猶巖石點頭之類。法界，如云無邊也。有情者，如本覺衆生，心與諸佛性，本爲如來也。故曰：『凡有血氣者，同一知覺；凡有知覺者，同一佛性。』今子不論物之無情與有情，比而同之，無乃徒費辭氣，而未免穿鑿附會之病歟？」曰：「噫！此正孟子所謂二本故也。且是氣之在天地間，本一而已矣。有動靜而陰陽分，有變合而五行具。周子曰：『五行，一陰陽也；陰陽，一太極也。』蓋於動靜變合之間，而其流行者有通塞偏正之殊，得其通而正者爲人，得其偏而塞者爲物，又就偏塞之中而得其稍通者爲禽獸，全無通者爲草木。此乃物之有情無情，所以分也。周子曰：『動而無動，靜而無靜，神也。以其氣無所不通，故曰神。動而無靜，靜而無動，物也。以其囿於形氣，而不能相通，故曰物。』蓋動而無靜者，有情之謂也；靜而無動者，無情之謂也。是亦物之有情無情，皆生於是氣之中，胡可謂之二哉？且人之一身，如魂魄五臟耳目口鼻手足之屬，有知覺運動；毛髮爪齒之屬，無知覺運動。然則一身之中，亦有從有情底父母來者，從無情底父母來者，有二父母耶？」客曰：「子之言，是也。然諸辨之說，出入性命

道德之妙， 陰陽造化之微， 固有非初學之士所能識
者，況下民之愚庸乎？吾恐子之說雖精，徒得好辯之
譏，而於彼此之學，俱無損益。且佛氏之說，雖曰無
稽，而世俗耳目習熟。恐不可以空言破之也。況其所
謂放光之瑞，舍利分身之異，往往有之。此世俗所以
歎異而信服之者，子尙有說以攻之也？」曰：「所謂輪
廻等辨，予已悉論之矣。雖其蔽之深也，不能遽曉。
然一二好學之士， 因吾說而反求之， 庶乎有以得之
矣，兹不復贅焉。至於放光舍利之事，豈無其說乎？
且心者，氣之最精最靈的。彼佛氏之徒，不論念之善
惡邪正，削了一重，又削了一重，一向收斂。蓋心本
是光明物事，而專精如此。積於中而發於外，亦理勢
之當然也。佛之放光，何足怪哉！且天之生此心者，
以其至靈至明， 主於一身之中， 以妙衆理而宰萬物，
非徒爲長物而無所用也。如天之生火，本以利人。而
今有人焉， 埋火於灰中， 寒者不得熱， 飢者不得爨，
則雖有光焰發於灰上，竟何益哉！佛之放光，吾所不
取者，此也。抑火之爲物，用之新新，乃能常存而不

滅。 若埋之灰中, 不時時發視之, 始雖熾然, 終則必
至於灰燼消滅。 亦猶人之此心, 常存憂勤惕慮之念,
乃能不死而義理生焉。 若一味收斂在裏, 則雖曰惺惺
着, 必至枯槁寂滅而後已。 則其所以光明者, 乃所以
爲昏昧也, 此又不可不知也。 至於像設, 亦有放光者,
蓋腐草朽木, 尙有夜光。 獨於此, 何疑哉! 若夫人之
有舍利, 猶蛇虺蚌蛤之有珠。 其間所謂善知識者, 亦
有無舍利者, 是則蛇虺蚌蛤而無珠之類也。 世傳人藏
蚌蛤之珠, 不穿不蒸者, 久而發之, 添得許多枚, 是
生意所存, 自然滋息理也。 舍利之分身, 亦猶是耳。
若曰『有佛至靈, 感人之誠, 分舍利云耳。』 則釋氏之
徒, 藏其師毛髮齒骨者多矣。 何不精勤乞請以分其
物, 而獨於舍利, 言分身哉! 是非物性而何也? 或
曰: 『舍利此甚堅固, 雖以鐵塊擊之不能破, 是其靈
也。』 然得羚羊角, 則一擊碎爲微塵。 舍利何靈於鐵,
而不靈於角也? 是固物性之使然, 無足怪者也。 今或
以兩木相鑽, 或以鐵石相敲而火出, 然此尙待人力之
所爲也。 以火精之珠, 向日而炷艾, 則薰然而烟生,

焰然而火出, 固非人力之所爲。 其初不過熒熒之微, 而其終也赫赫然炎崑崙而焚玉石。 何其神矣哉! 是亦非其性之使然, 而有一靈物寓於冥漠之中, 感人之誠而使之至此歟? 且火之益於人者, 抑大矣。爨飮食則堅者柔, 烘坑堗則寒者熱, 湯藥物則生者熟, 飢可以飽, 病可以愈, 以至鎔鐵作耒作斧作釜鼎, 以利民用。作刀槍劍戟, 以威軍用。火之生也, 其神如彼; 火之用也, 其利如此。子皆莫之重焉。彼舍利者, 當寒而不得以爲衣, 當飢而不得以爲食, 戰者不足以爲兵器, 病者不足以爲湯藥。使佛有靈, 一祈而分數千枚, 尙以爲無益而廢人事, 擧以投諸水火, 永絶根本。況復敬奉而歸依歟? 噫! 世之人, 厭常而喜怪, 棄實利而崇虛法如此, 可勝歎哉!」客不覺下拜曰:「今聞夫子之言, 始知儒者之言爲正, 而佛氏之說爲非也。子之言, 楊雄不如也。」於是幷書卷末, 以備一說焉。

予嘗患佛氏之說惑世之甚, 而爲之言曰:「天之所以爲天, 人之所以爲人, 儒與佛之說不同矣。自有

曆象之後，寒暑之往來，日月之盈虧，皆有其數，
用之千萬世而不差，則天之所以爲天者定，而佛氏
須彌之說誣矣。天以陰陽五行，化生萬物，而所謂
陰陽五行者，有理有氣。得其全者爲人，得其偏者
爲物。故五行之理，在人而爲五常之性，其氣爲五
臟，此吾儒之說也。醫者以五行診其臟脈之虛實而
知其病，卜者以五行推其運氣之衰旺而知其命，亦
用之千萬世而皆驗，則人之所以爲人者定，而佛氏
四大之說妄矣。原其始，不知人之所以生，則反其
終，安知人之所以死哉！則輪廻之說，亦不足信，
予持此論久矣。」 今觀三峯先生佛氏雜辨二十篇，
其言輪廻及五行醫卜之辨，最爲明備，其餘論辨，
亦極詳切而著明，無復餘蘊矣。 先生自幼讀書明
理，慨然有行所學闢異端之志，講論之際，諄諄力
辨，學者翕然聽從。嘗著心氣理三篇，以明吾道異
端之偏正，其有功於名教大矣。遭逢 聖朝，彌綸
王化，以興一代之治。所學之道，雖未盡行，亦庶
幾矣。而先生之心猶歉然，必欲堯舜其君民，至於

異端, 尤以不能盡闢而悉去之爲已憂。戊寅夏, 告病數日, 又著是書示予曰:「佛氏之害, 毀棄倫理, 必將至於率禽獸而滅人類。主名敎者, 所當爲敵而力攻者也。吾嘗謂『得志而行, 必能闢之廓如也。』今蒙 聖知, 言聽計從, 志可謂得矣。而尙不能闢之, 則是終不得闢之矣。憤不自已, 作爲是書, 以望後人於無窮, 欲人之皆可曉也。故其取比多鄙瑣, 欲彼之不得肆也, 故其設詞多憤激。然觀於此, 則儒佛之辨, 瞭然可知。縱不得行於時, 猶可以傳於後, 吾死且安矣。」予受而讀之, 亹亹不倦, 乃歎曰:「楊墨塞路, 孟子辭而闢之。佛法入中國, 其害甚於楊墨。先儒往往雖辨其非, 然未有能成書者也。以唐韓子之才, 籍湜輩從而請之, 猶不敢著書, 況其下乎? 今先生旣力辨以化當世, 又爲書以垂後世, 憂道之念旣深遠矣。人之惑佛, 莫甚於死生之說, 先生自以闢佛, 爲死而安, 是欲使人祛其惑也, 示人之意亦深切矣。孟子謂『承三聖之統,』先生亦繼孟子者也。張子所謂『獨立不懼, 精一自信, 有大過人之才』者，眞先生之謂矣。予實敬服而欲學焉。」故書嘗所言者以質正云，洪武三十一季後五月旣望，陽村權近序。

三峯先生所著經國典心氣理及詩若文，皆行于世。獨此佛氏雜辨一書，先生所以闢先聖詔後人，平生精力所在，而湮沒不傳，識者恨之。歲戊午，予以生員在成均館，吾同季韓奕，先生之族孫也。得此書於家藏亂帙之中，持以示予。觀其文辭豪逸，辨論纖悉，發揮性情，擯斥虛誕，眞聖門之藩籬，而六經之羽翼也。予愛而寶之，藏之久矣。今守襄陽，適時無事，於公暇，校正謬誤三十餘字，命工刊梓，以廣其傳。幸有志於吾道者，因是書而闢其邪；惑於異端者，因是書而釋其疑。則先生爲書傳後之志，庶幾遂，而吾道亦且有所賴矣。是書之幸存而不泯，豈不爲吾道之大幸哉！景泰七季午月仲旬，金羅尹起畎，敬跋。按：金羅，咸安郡別名。

## 제4장

# 심기리편(1394)

奉化 鄭道傳 著

安東 權 近 註

## 心氣理篇

### 心難氣 難, 上聲。

此篇, 主言釋氏修心之旨, 以非老氏, 故篇中多用
釋氏之語。 心者, 合理與氣, 以爲一身神明之舍。
朱子所謂「虛靈不昧, 以具衆理而應萬事」者也。 愚
以爲惟虛, 故「具衆理;」惟靈, 故「應萬事。」非具衆
理, 則其虛也漠然空無而已矣, 其靈也紛然流注而
已矣。 雖曰「應萬事,」而是非錯亂, 豈足爲神明之
舍哉! 故言心而不言理, 是知有其舍, 而不知有其
主也。

凡所有相, 厥類紛總。 惟我最靈, 獨立其中。

凡所有相，用金剛經語。紛總，衆多之貌。我者，心自我也。靈，即所謂虛靈也。此兩句，即惠能所謂「有一物長靈，上拄天下拄地。」瞿曇所謂「天上天下，惟我獨尊」之意。○此爲心之自言曰：「凡有聲色貌相盈於天地之間者，其類甚多，惟我最爲至靈，特然獨立於庶類紛總之中也。」

我體寂然，如鑑之空。隨緣不變，應化無窮。

心之本體，寂然無眹，而其靈知不昧。譬則鏡性本空，而明無不照。蓋隨緣者，心之靈而鏡之明也。不變者，心之寂而鏡之空也。是以應感萬變，而無有窮盡，即金剛經所謂「應無所住，而生其心」之意。蓋外邊雖有應變之跡，而內則漠然無有一念之動，此釋氏之學第一義也。

由爾四大，假合成形。有目欲色，有耳欲聲。善惡亦幻，緣影以生。戕我賊我，我不得寧。

爾, 指氣而言. 四大, 亦用釋氏語, 所謂地水火風
也. 圓覺云:「我今此身, 四大和合.」又曰:「六塵
緣影, 爲自心性.」○此承上章, 而言心體本自寂然
而已. 但由爾四大之氣假托凝合, 以成有相之形.
於是有目而欲見美色, 有耳而欲聞善聲, 鼻舌身意
亦各有欲. 順則以之爲善, 逆則以之爲惡. 是皆幻
出, 非有眞實. 乃攀緣外境之影, 相續而生. 凡此
皆以戕賊我寂然之體, 紛擾錯亂, 使我不得而寧靜
也.


絶相離體, 無念忘情. 照而寂寂, 默而惺惺. 爾雖欲動,
豈翳吾明.


金剛經曰:「凡所有相, 皆是虛妄.」惠能曰:「一
切善惡, 都莫思量. 其後分爲無念・忘情・息妄・
任性四宗.」此言修心功夫. 相, 言其形相. 體, 言
其理體. 諸相非相, 所當絶而去之; 是體非體, 所
當離而棄之. 我若常自寂然, 無有一念之動, 而常

忘其起滅之情, 則妄緣旣斷, 眞空自現。雖感照而
體常寂寂, 雖靜默而內自惺惺。蓋照而寂寂則非亂
想也, 默而惺惺則非昏住也。能如是則四大之氣六
塵之欲, 雖欲投間抵隙, 搖動於我, 豈能掩翳以累
我本體之明哉! 此章言修心之要, 約而盡之矣。

## 氣難心

此篇, 主言老氏養氣之法, 以非釋氏, 故篇中多用
老氏語。氣者, 天以陰陽五行化生萬物, 而人得之
以生者也。然氣, 形而下者, 必有形而上之理, 然
後有是氣。言氣而不言理, 是知有其末, 而不知有
其本也。

予居邃古, 窈窈冥冥。天眞自然, 無得而名。

予, 氣自予也。邃古, 上古也。老子曰:「有物混
成, 先天地生。」又曰:「窈兮冥兮, 其中有精, 其精

甚眞。」又曰:「天法道, 道法自然。」又曰:「吾不知
其名, 字之曰道。」老子之言, 皆指氣而言者也。故
此章本之, 以言氣居天地萬物之先, 窈冥怳惚, 自
然而眞, 不可得而名言也。

萬物之始, 資孰以生。我凝我聚, 乃形乃精。我若無有,
心何獨靈。

莊子曰:「人之生, 氣之聚也。」此又本之, 以言萬
物之生, 其始也是資何物以生成乎? 其所資以有生
者, 非氣乎! 惟氣妙合而凝聚, 然後其形成而其精
生。氣若不聚, 則心雖至靈, 亦將何所附着乎?

嗟爾有知, 衆禍之萌。思所不及, 慮所未成。計利較害,
憂辱慕榮。氷寒火熱, 晝夜營營。精日以搖, 神不得寧。

嗟, 嘆息也。爾, 指心也。○此章言心所以害氣之
事, 嘆息而言心之有知覺者, 乃衆禍之所由萌也。

思其所不可及, 慮其所未得成, 計其利而欲得之,
較其害而欲避之, 憂其辱而懼陷焉, 慕其榮而僥倖
焉。畏則如氷之寒, 怒則如火之熱, 千端萬緒, 交
戰於胸中。晝夜之間, 營營不息, 使其精神日以搖
蕩, 漸就消耗, 而不得寧矣。

我不妄動, 內斯靜專。如木斯槁, 如灰不燃。無慮無爲,
體道之全。爾知雖鑿, 豈害吾天。

此言養氣之功。莊子曰:「形固可使如槁木, 心固
可使如死灰。」又曰:「無思無慮, 始知道。」老子
曰:「道常無爲而無不爲。」此章本此以立言也。○
承上章言心之利欲, 雖甚紛挐, 氣得其養而不妄動。
以制於外, 則其內亦有以靜定而專一。如木之槁,
不復有春華之繁。如灰之死, 不復有火燃之熾。心
無所思慮, 身無所營爲, 以體其道沖漠純全之妙,
則心之知覺, 雖曰鑽鑿, 豈能害我自然之天哉! 此
所謂道, 指氣而言也。「無慮無爲體道之全」八字,

亦老氏之學最要旨也。

**理諭心氣**

此篇，主言儒家義理之正，以曉諭二氏，使知其非
也。理者，心之所稟之德，而氣之所由生也。

於穆厥理，在天地先。氣由我生，心亦稟焉。

於，嘆美之辭。穆，清之至也。此理純粹至善，本
無所雜，故嘆而美之曰「於穆。」我者，理之自稱也。
前言心氣，直稱我與予。而此標理字以嘆美之，然
後稱我者，以見理爲公共之道，其尊無對，非如二
氏各守所見之偏而自相彼我也。○此言理爲心氣之
本原，有是理然後有是氣。有是氣然後陽之輕清者
上而爲天，陰之重濁者下而爲地。四時於是而流
行，萬物於是而化生。人於其間，全得天地之理，
亦全得天地之氣，以貴於萬物而與天地參焉。天地

之理在人而爲性, 天地之氣在人而爲形。 心則又兼
得理氣而爲一身之主宰也。 故理在天地之先, 而氣
由是生, 心亦稟之以爲德也。

有心無我, 利害之趨。 有氣無我, 血肉之軀。 蠢然以動,
禽獸同歸。 其與異者, 嗚呼幾希。

蠢然, 無知貌。 幾希, 少也。 朱子曰:「知覺運動
之蠢然者, 人與物同; 仁義禮智之粹然者, 人與物
異。」 ○此言人之所以異於禽獸者, 以其有義理也。
人而無義理, 則其所知覺者, 不過情欲利害之私而
已矣。 其所運動者, 亦蠢然徒生而已矣。 雖曰爲人,
去禽獸何遠哉! 此儒者所以存心養氣, 必以義理
爲之主也。 若夫釋老之學, 以清淨寂滅爲尚, 雖彝
倫之大, 禮樂之懿, 亦必欲屏除而滅絶之。 是其胸
中無欲, 與趨於利害者, 疑若不同矣。 然不知主天
理之公, 以裁制人欲之私, 故其日用云爲, 每陷於
利害而不自知也。 且人之所欲無甚於生, 所惡無甚

於死。今以兩家之說觀之，釋氏必欲免死生，是畏死也；老氏必欲求長生，是貪生也。非利害而何哉？又其中無義理之主，則枵然無得，冥然不知，是軀殼所存，亦不過血肉而止耳。此四句，雖泛指眾人而言，切中二家之實病，讀者詳之。

見彼匍匐，惻隱其情。儒者所以，不怕念生。

孟子曰：「今人乍見孺子將入於井，皆有怵惕惻隱之心。」又曰：「惻隱之心，仁之端也。」此言惻隱之情，本於吾心之固有，以明釋氏無念忘情之失。夫人得天地生物之心以生，所謂仁也。是理實具於吾心，故見孺子匍匐入井，其惻隱之心油然自生而不可遏。推此心以擴充之，則仁不可勝用，而四海之內可兼濟也。故儒者，不怕念慮之生，但循其天理發見之自然。豈如釋氏畏怕情念之起，而強制之歸於寂滅而已哉！

可死則死, 義重於身。君子所以, 殺己成仁。

論語曰:「志士仁人, 無求生以害仁, 有殺身以成
仁。」此言重義輕生之事, 以明老氏養氣貪生之失。
蓋君子見得實理, 則當其可死也, 其身不忍一日安
於生, 是死生爲重乎? 義理爲重乎? 故儒者當救君
親之難, 有隕軀隕命以赴之者, 非如老氏徒事修鍊
以偸生也。

聖遠千載, 學誣言厖。氣以爲道, 心以爲宗。

厖, 猶亂也。○此言異端之說所以得熾者, 以聖人
之世旣遠, 而道學不明也。故老不知氣本乎理, 而
以氣爲道; 釋不知理具於心, 而以心爲宗。此二家
自以爲無上高妙, 而不知形而上者爲何物, 卒指形
而下者而爲言, 陷於淺近迂僻之中而不自知也。

不義而壽, 龜蛇矣哉。瞌然而坐, 土木形骸。

瞇然, 睡貌。上二句責老, 下二句責釋。卽前章有心無我, 有氣無我之意。然前章泛言在衆人者, 此章專指二氏而言也。

我存爾心, 瑩徹虛明。我養爾氣, 浩然而生。

孟子曰:「我善養吾浩然之氣。」○此言聖學內外交養之功, 以義理存心而涵養之, 則無物欲之蔽, 全體虛明, 而大用不差矣。集義養氣而擴充之, 則至大至剛之氣, 浩然而自生, 充塞天地矣。本末兼備, 內外交養。此儒者之學, 所以爲正, 而非若二氏之偏也。

先聖有訓, 道無二尊。心乎氣乎, 敬受斯言。

胡氏引禮記「天無二日, 土無二王」之語, 以爲道無二致, 欲道術之歸于一也。○此言上文所論, 皆本聖賢之遺訓, 而非我之私言。其道之尊, 無與爲二,非心氣之可比也。故於其終，特呼心氣以警之，其拳拳開示之意，至深切矣。


心氣理三篇者，三峯先生所作也。先生常以明道學闢異端爲己任。其言曰：「人之生也，受天地之理以爲性，而其所以成形者氣也。合理與氣，能神明者，心也。儒主乎理而治心氣，本其一而養其二。老主乎氣，以養生爲道；釋主乎心，以不動爲宗。各守其一，而遺其二者也。老欲無爲，不計事之是非而皆去之，恐勞其身以弊 一本作蔽。其氣也，氣苟得養則精神凝定，雖有所事，而不害吾之生。釋欲無念，不論念之善惡而皆遣之，恐勞其神以動其心也，心苟得定則體常空寂，雖有應變，而不擾吾之中。故其初也，皆有所不爲，而其終也皆無所不爲也。蓋當其有所不爲也，雖理之所當爲者，亦絶之；當其無所不爲也，雖理之所不當爲者，亦爲之。是二家之學，不陷於枯

삼봉 정도전의 건국철학

槁寂滅, 則必流於放肆縱恣, 其賊仁害義, 滅倫
敗理, 得罪於聖門大中之敎則一也。 若吾儒道則
不然。 天命之性, 渾然一理, 而萬善咸備。 君子
於此, 常存敬畏, 而必加省察。 萌於心者, 原於
理則擴而充之, 生於欲則遏而絶之。 動於氣者,
自反而直則勇往爲之, 不直則怯然而退。 養其心
以存義理, 養其氣以配道義。 凡所思慮, 無非義
理之當然; 凡所動作, 自無非僻之得干。 其心之
靈, 管乎事物之理; 其氣之大, 塞乎天地之間。
皆以義理爲之主, 而心與氣每聽命焉耳。」 此儒
者之道, 具於人倫日用之常, 行於天下萬世而無
弊, 先生常以語學者也。 雖然義理之在人, 固爲
甚大, 而心乃吾身之主, 氣亦吾身之所得以生
者, 不得不重之也。 彼老釋竊明心養氣之說, 誑
誘愚俗, 故人多樂聞而信從之。 往往知道者雖力
言以闢之, 但斥其不合於吾道者而已, 故聞者猶
未知其孰爲得失也。 唯先生先明二氏之旨, 而後
折以吾道之正, 故聞者莫不昭然若發矇, 異端之

徒亦有從而化之者矣。此先生之大有功於名教者
也。於是，又述其意，作此三篇，以示學者。其
言心氣者，皆用二氏之語以明其旨，盡底其蘊奧
而的言之。且其語意渾然，不見其有斥之之跡，
故雖使其徒觀之，亦皆以爲精切而悅服之也。及
以理形之，然後吾道異端之偏正，不待辨說而自
明。彼雖欲有言，其將何以哉！此先生闢二氏，
固非泛然論列者比，又非大厲聲色極口詆毀者之
比也。抑或有人，徒見其不斥也，以爲「三教一
致，故先生作此以明其道之同耳，」則非知言者
也。故愚不揆鄙拙，略爲註釋，又引其端，以所
聞於先生者明之耳。洪武甲戌夏，陽村權近序。

# 제5장　심문 · 천답(1375)

奉化 鄭道傳 著

安東 權 近 註

## 心問

此篇, 述心問天之辭。 人心之理, 卽上帝之所命。
而其義理之公, 或爲物欲所勝, 而其善惡之報, 亦
有顚倒。 善或得禍, 而惡乃得福, 福善禍淫之理,
有所不明。 故世之人, 不知從善而去惡, 唯務趨於
功利而已。 此人之所以不能無惑於天者也, 故托於
心之主宰, 以問上帝而質之也。

乙卯季冬, 幾望之夕。 天淨月明, 群動就息。

季冬, 涸陰沍寒之極, 而春陽欲生之時。 幾望, 月
光漸滿, 而其明復圓之日。 以譬人欲昏蔽之中, 而

天理之復萌也。「天淨月明, 群動就息。」以譬人欲淨盡, 天理流行, 方寸之間, 瑩徹光明, 而外物不能以動其中。

若有一物, 朝于上清。立于玉帝之庭, 稱臣而告曰：「臣受帝命, 爲人之靈。」

一物, 指心而言。上清, 上帝之所居也。玉帝, 卽上帝, 貴而重之之稱也。稱臣者, 心之自稱也。「臣受帝命, 爲人之靈」者, 心自言其受上帝所命之理, 以爲人之主宰, 而最靈於萬物也。○此章, 設言吾心主宰之靈, 朝見上帝之庭, 稱臣而問之也。然其曰朝者, 豈別有一物爲帝, 而又有一物朝之者哉？方寸之間, 私欲淨盡, 則吾心之理卽在天之理, 在天之理卽吾心之理, 脗合而無間者也。其曰朝者, 設言以明之也。

人有耳目, 欲色欲聲。動靜語默, 手執足行。凡所以爲臣之病者, 日與臣爭。

此章, 言物欲害吾心之天理也。蓋凡有聲色貌相而
盈於天地之間者, 皆物也。日與人之身相接, 而人
之有目, 莫不欲色, 有耳莫不欲聲, 至於四肢百骸,
莫不欲安佚。故天理雖根於吾心固有之天, 而其端
甚微; 人欲雖生於物我相形之後, 而其發難制。是
其日用云爲, 順理爲難而從欲爲易。書曰:「人心
惟危, 道心惟微。」此之謂也。且人之此身, 不能一
日離物而獨立, 小有不謹則凡外物之害此心者, 投
間抵隙, 攻之甚衆矣。此天理之所以病也。

志吾之帥, 氣吾徒卒。皆不堅守, 棄臣從敵。以臣之微,
孤立單薄。

志者, 心之所之也。吾, 亦心之自稱也。孟子曰:
「夫志, 氣之帥也; 氣, 體之充也。」註曰:「志, 固
心之所之, 而氣之將帥。氣, 亦人之所以充滿於身,

而爲志之卒徒也。」 心爲天君, 以志統氣而制物欲,
猶人君之命將帥, 以率徒衆而禦敵人也。 故曰:「志
吾之帥, 氣吾徒卒。」 然志苟不定, 則物欲得以奪
之, 而理不能以勝私矣。 故其志之爲帥與其氣之爲
徒卒者, 皆不能堅守其正, 反棄吾心而從物欲。 故
吾之此心, 雖曰一身之主, 卒至孤立單弱而薄劣也。

誠敬爲甲冑, 義勇爲矛戟。 奉辭執言, 且戰且服。 順我
者善, 背我者惡。 賢智者從, 愚不肯逆。 因敗成功, 幾
失後獲。

甲冑, 所以衛身之具。 矛戟, 所以制敵之物。 ○此
承上章之末而言。 以我一心之微, 而當衆欲之攻,
雖甚微弱而薄劣, 苟能以誠敬爲甲冑而自守, 則所
以操存者固, 而志不可奪矣。 義勇爲矛戟而自衛,
則所以裁制者嚴, 而欲不得侵矣, 內外交相養之道
也。 奉帝之命, 使知理之不可違, 聲彼之罪, 使知
欲之不可從。 彊者戰而勝之, 弱者降而服之。 其順

我命者, 合乎理而爲善; 其背我命者, 悖乎義而爲惡. 知善而率從者爲賢智, 不知而背逆者爲愚不肖. 彼雖不從, 我則益勉. 此心幾爲物欲之敵所敗, 至於覆沒. 然以此心之理, 終不泯滅, 故更自策礪, 終有所獲. 此勉强而行者, 及其成功一也.

及至其報, 事多反復. 背者壽考, 順者夭折. 從者貧窮, 逆者富達. 故世之人, 尤臣之爲. 不從臣命, 惟敵之隨.

報, 謂善惡之應效也. 人有所爲, 而天報之也. 尤, 咎責也. 人爲善則天報之以福, 爲惡則天報之以禍, 猶人臣有戰功則君賞之以爵祿, 敗績則君加之以刑戮. 此理之常也. 今心奉上帝之命, 與物欲之敵相戰, 敵不能勝, 惟心之命順從, 則是爲有功於天也. 宜富貴壽考, 以受爲善之福, 而反至貧窮夭折. 敵旣勝之, 背逆此心之命, 宜貧賤夭折, 以受爲惡之禍, 而反富貴壽考. 天之報應, 反復乖戾如此. 故人之所爲, 寧從彼敵利害之誘, 不從其主義

理之命。人之所以不能無惑也，故下文呼天而問之
也。

惟皇上帝，實主下民。始終何乖，與奪何偏。臣雖鄙愚，
竊有惑焉。

　　皇，大也，尊之之辭。○此呼上帝而告之曰：「大
　　哉！上帝。實位乎上，以主下土之人，福善禍淫，
　　是其理之常也。始者賦命之初，必與人以仁義禮智
　　之性，是欲使人循是性而爲善也。至其終而報應之
　　著，則善惡之效，反復如此，是何始終所命之乖戾
　　耶？彼背且逆而得壽考富達者，天何所愛而厚之；
　　此順且從而得夭折貧窮者，天何所憎而薄之歟？是
　　其一與一奪，又何偏而不公如是也歟？臣心雖甚鄙
　　愚，而竊有惑於斯也。」

## 天答

此篇, 述天答心之辭. 天能以理賦予於人, 而不能使人必於爲善. 人之所爲, 多失其道, 以傷天地之和. 故災祥有不得其理之正者, 是豈天之常也哉? 天卽理也, 人動於氣者也. 理本無爲, 而氣用事. 無爲者靜, 故其道遲而常; 用事者動, 故其應速而變. 災祥之不正, 皆氣之使然也. 是其氣數之變, 雖能勝其理之常者, 然此特天之未定之時爾. 氣有消長, 而理則不變. 及其久而天定, 則理必得其常, 而氣亦隨之以正. 福善禍淫之理, 豈或泯哉!

帝曰噫嘻, 予命汝聽. 予賦汝德, 在物最靈. 與吾並立, 得三才名.

帝, 上帝也. 噫嘻, 歎息也. 予, 上帝之自予也. 汝, 指心而言. 德, 卽仁義禮智之性, 天之所令而

人之所得者也。三才，天地人也。○此章，設爲上
帝答心之辭，歎息而言：「予有所命，惟汝人心其
聽之哉！ 予旣賦汝以健順五常之理，而汝得之以
爲德，方寸之間，虛靈不昧，具衆理應萬事，而在
萬物最爲靈矣。故能與我與地竝立而得稱三才之名
也。」

又當日用之間，洋洋焉開道引迪，使爾不昧其所適。予
所以德汝者非一，汝不是思，或自棄絶。

洋洋，流動充滿之意。爾，亦指心而言。○此承上
言人倫日用之間，莫非天命之流行發見。汝在父子
則當親，在君臣則當敬。以至一事一物之微，一動
一靜之際，莫不各有當行之理，流動充滿，無小欠
缺，是孰使之然哉？ 皆上帝所以開道啓迪於斯民，
使之趨善而避惡，以不昧於其所適從也。然則上帝
之所以爲德于汝者，非可以一二計也。而爾曾不以
是而致思，乃或背善從惡，以自棄絶之也。

風雨寒暑, 吾氣也。日月, 吾目也。汝一有小失, 吾之氣乖戾, 吾之目掩食, 汝之病我者亦極矣。何不自反, 而遽吾責歟!

吾, 亦上帝之自吾也。○風雨寒暑, 爲天之氣; 日月, 爲天之眼。而人者, 天地之心也。故人之所爲, 一有小失其正, 則天之風雨寒暑必至於乖戾, 日月必至於掩食, 是人之所以病乎天地者亦可謂極矣。蓋天地萬物, 本同一體。故人之心正, 則天地之心亦正; 人之氣順, 則天地之氣亦順。是天地之有災祥, 良由人事之有得失也。人事得則災祥順其常, 人事失則災祥反其正。何不以是自反其身, 以修汝之所當爲者, 而乃遽然責望于天乎?

且以吾之大, 能覆而不能載, 能生而不能成。寒暑災祥, 猶有憾於人情, 吾如彼何哉! 汝守其正, 以待吾定。

且夫天體至大, 能無所不覆而不能載, 能無所不生

而不能成。天職覆地職載, 天主生地主成, 天地固
有所不能盡也。當寒而暑, 當暑而寒, 降災降祥,
不得其正者。此人情所以猶有憾於天地也。蓋天地
之於萬物, 無心而化成, 能施其理之自然, 而不能
勝其氣之或然。如彼人之所爲, 雖上天其如何哉!
言天非有所容心以爲之也。 汝但當固守其理之正,
以待其天之定而已。所謂「夭壽不貳, 修身以竢之。」
是也。申包胥曰:「人衆勝天, 天定亦能勝人。」天
人之際, 雖交相爲勝, 然人之勝天, 可暫而不可常;
天之勝人, 愈久而愈定也。故淫者必不能保其終,
而善者必有慶於後矣。蓋一時之榮辱禍福, 自外而
至者, 皆不足恤。惟當力於爲善, 以不獲罪於天,
可也。


道之不明, 異端害之也。吾儒尙賴先哲之訓, 以
知異端之蔽, 而往往有不能固守其道者, 亦怵於
功利之私而已。故高不溺於空虛, 則卑必流於汚

賤。此道之所以常不明不行，而異端之徒亦指以爲卑近而斥之也。且其善惡報應之效，亦多參差不齊。故善者以怠，惡者以肆，而舉世之貿貿然淪胥於利害之中，而不知義理爲何物，釋氏之徒又得售其因緣之說而人愈惑焉。嗚呼！道之不明也久矣。欲人之無惑也難矣。三峯先生嘗有言曰：「辨老佛邪遁之害，以開百世聾瞽之學；折時俗功利之說，以歸夫道誼之正。」其心氣理三篇，論吾道異端之偏正殆無餘蘊，愚已訓釋其意矣。先生又嘗作心問天答二篇，發明天人善惡報應遲速之理，而勉人以守正。其言極爲精切，使怵於功利者觀之，可以祛其惑而藥其病矣。故又加訓釋，以附三篇之後。夫闢異端然後可以明吾道，去功利然後可以行吾道。此先生之作所以關於世教爲甚重，而吾今日編次之意也。觀者幸毋忽。甲戌夏六月，陽村權近序。

三峯集卷之十

제6장

# 정도전의 유배문학

奉化 鄭道傳 著

## 家難

自予得罪, 竄逐南荒, 毁謗蜂起, 口舌譸張, 禍且不測。
室家悻惶, 使謂予曰:「卿於平日, 讀書孜孜, 朝饔暮
飱, 卿不得知。室如懸磬, 甑石無資, 幼穉盈堂, 呼寒
啼飢。予主中饋, 取具隨時, 謂卿篤學, 立身揚名, 爲
妻子之仰賴, 作門戶之光榮。竟觸憲網, 名辱跡削, 身
竄炎方, 呼吸瘴毒, 兄弟顚踣, 家門蕩柝, 爲世戮笑,
至於此極。賢人君子, 固如是乎?」予以書復:「子言誠
然。我有朋友, 情逾弟昆。見我之敗, 散如浮雲。彼不
我憂, 以勢非恩。夫婦之道, 一醮終身。子之責我, 愛

非惡焉。且婦事夫，猶臣事君，此理無妄，同得乎天。子憂其家，我憂其國，豈有他哉！各盡其職而已矣。若夫成敗利鈍，榮辱得失，天也，非人也，其何恤乎！」

## 消災洞記

道傳貶居消災洞黃延家。洞卽羅屬部曲，居平之地，有寺曰消災，故以爲名。環洞皆山也，而其北東，則重巒疊嶺，形勢相屬。西南諸峯，低小可以眺望。又其南，原野平衍，樹林煙火，茅茨十餘戶，乃會津縣也。其名山水，曰錦城山，端重奇偉，以據乎東北，羅之鎮也。曰月出山，淸秀突兀，以阻乎東南，靈巖郡界也。曰錦江，由羅東南流，過會津縣南，西入海。洞距海數十里，其山嵐海瘴之氣，中人肌膚，病作無時。然朝夕晦明，氣象萬千，亦可翫也。洞中無異草木，唯黃茅脩竹，間於松楠，人家門戶藩籬，往往以竹代木，其蕭灑淸寒之狀，使遠人亦樂而安之也。居人淳朴無外慕，力田爲業，

延其尤也。家善釀, 延又喜飲, 每酒熟, 必先觴予。客
至, 未嘗不置酒, 日久益恭。有金成吉者頗識字, 其弟
天能談笑, 亦皆善飲, 兄弟同居。有徐安吉者, 老爲僧
曰安心, 高鼻長面, 容儀詭怪, 凡方言俚話, 鄉井閭巷
之事, 無不記。有金千富者・曹松者, 其飲亦成吉・延
之流也。日從予遊, 每得時土物, 必持酒漿而來, 盡歡
乃去。予寒一裘・暑一葛, 早寢晏起, 興居無拘, 飲食
惟意。與二三學者, 講論之餘, 夤緣溪磵, 登降巖谷,
倦則休, 樂則行, 其遇佳處, 徘徊瞻眺, 嘯詠忘歸。或
逢田父野老, 班荊而坐, 相勞問如故。一日登後岡以望,
愛其西偏稍平夷, 下臨廣野。遂命僕剔去榴翳, 構屋二
間。不翦茅, 不削木, 築土爲階, 編荻爲籬。事簡而功
約, 而 一本無而字。洞人皆來助之, 不數日告成。扁曰草
舍, 因居之。噫! 杜子美在成都, 構草堂以居, 僅閱歲
而已, 而草堂之名傳千載。予之居草舍幾時, 予去之後,
草舍爲風雨所漂壞而已耶? 野火所延爇, 朽爲土壤而已
耶? 抑有聞於後歟? 無歟? 皆未之知也。但予以狂疏戇
直, 見棄於時, 放謫在遠。洞人遇我甚厚如此, 豈哀其窮

而收之歟？ 抑長生遠地，不聞時議，不知予之有罪歟？
要皆厚之至也。予且愧且感，因記其本末以致意焉。


## 答田父

寓舍卑側隘陋，心志鬱陶。一日出遊於野，見一田父，厖
眉皓首，泥塗霑背，手鋤而耘。予立其側曰：「父勞矣。」
田父久而後視之，置鋤田中，行原以上，兩手據膝而坐，
頤予而進之。予以其老也，趨進拱立。田父問曰：「子何
如人也？ 子之服雖敝，長裾博袖。行止徐徐，其儒者
歟？ 手足不胼胝，豐頰皤腹，其朝士歟？ 何故至於斯？
吾老人，生於此老於此，荒絶之野，窮僻瘴癘之鄉，魑
魅之與處，魚鰕之與居。朝士非得罪放逐者不至，子其
負罪者歟？」曰：「然。」曰：「何罪也？ 豈以口腹之奉，
妻子之養，車馬宮室之故，不顧不義，貪欲無厭，以得
罪歟？ 抑銳意仕進，無由自致，近權附勢，奔走於車塵
馬足之間，仰哺於殘杯，冷炙之餘，聳肩諂笑，苟容取

悅, 一資或得, 衆皆含怒, 一朝勢去, 竟以此得罪歟?」
曰:「否。」「然則豈端言正色, 外示謙 一本作廉。退, 盜
竊虛名, 昏夜奔走, 作飛鳥依人之態, 乞哀求憐, 曲邀
橫結, 釣取祿位。或有官守, 或居言責, 徒食其祿, 不
思其職。視國家之安危, 生民之休戚, 時政之得失, 風
俗之美惡, 漠然不以爲意。如秦人視越人之肥瘠, 以全
軀保妻子之計, 偸延歲月。如見忠義之士, 不顧身慮,
以赴公家之急, 守職敢言, 直道取禍, 則內忌其名, 外
幸其敗, 誹謗侮笑, 自以爲得計。然公論誼騰, 天道顯
明, 詐窮罪覺, 以至此乎?」曰:「否。」「然則豈爲將爲
帥, 廣樹黨與, 前驅後擁。在平居無事之時, 大言恐喝,
希望寵錫, 官祿爵賞, 惟意所恣, 志滿氣盛, 輕侮朝士。
及至見敵, 虎皮雖蔚, 羊質易慄, 不待交兵, 望風先走,
棄生靈於鋒刃, 誤國家之大事? 否則豈爲卿爲相, 狠愎
自用, 不恤人言。佞己者悅之, 附己者進之。直士抗言
則怒, 正士守道則排。竊君上之爵祿, 爲己私惠; 弄國
家之刑典, 爲己私用。惡稔而禍至, 坐此得罪歟?」曰:
「否。」「然則吾子之罪, 我知之矣。不量其力之不足, 而

好大言：不知其時之不可，而好直言。生乎今而慕乎古，處乎下而拂乎上，此豈得罪之由歟！昔賈誼好大，屈原好直，韓愈好古，關龍逢好拂上。此四子，皆有道之士，或貶或死，不能自保。今子以一身犯數忌，僅得竄逐，以全首領。吾雖野人，可知國家之典寬也。子自今其戒之，庶乎免矣。」予聞其言，知其爲有道之士。請曰：「父隱君子也，願館而受業焉。」父曰：「予世農也，耕田輸公家之租，餘以養妻子，過此以往，非予之所知也。子去矣，毋亂我。」遂不復言。予退而歎之：「若父者，其沮溺之流乎！」

정도전이 몸바친 조선왕조의 위용, 종묘

숫돌같이 평평한
북녘들
봄와서 풀성하고
물맛도 달콤
만마리 말
구름처럼 참새처럼
말치는이 가는대로
서쪽 남쪽

종묘앞에 서 있는 삼봉의 신도팔경시(新都八景詩) 비

## 제7장

다음은 2003년 12월 1일(월) 『문화일보』 제10면에
실렸던 글이다. 나는 하바드대학시절부터 교분이
두터웠던 최상용교수님이 삼봉에 관한 논문을 하
나 보내주면서 그것을 백범기념관에서 발표할 테
니 한번 와 보라고해서 발길을 옮겼는데 그것이
우리나라 삼봉학의 최초의 학술회의라는 것은 미
처 알지 못했다. 효창운동장이 내려다 보이는, 새
로 지은 백범기념관의 말쑥한 회의장에 모인 사람
들은 모두 파이어니어적인 열정에 가득차 있었고,
마음을 열고 솔직한 의견들을 주고 받았다. 건강
하고 감동적인 학술회의의 모습이었다. 나는 사실
이날 신문에 글을 실을 생각이 없이 순수하게 하
나의 학인으로서 참석한 것인데, 어느 순간 분연
히 그날의 감동을 전하지 않을 수 없어 붓을 들게
된 것이다. 인문학의 성과는 끊임없이 오늘 여기
우리 삶의 현장 속으로 들어와야만 그 가치가 발
현된다는 하나의 예증으로 이 글을 읽어주었으면
한다.

# 제1회 삼봉학 학술회의 보고서

## 판소리마당처럼 재미있었던 회의장

지난 토요일(11월29일) 효창공원에 있는 백범기념관에서 제
1회 삼봉학(三峰學)학술회의가 열렸다. 1973년 한영우(韓永
愚)선생의 기념비적인 저서 『정도전사상의 연구』(서울대학교
출판부)가 출간된지 꼭 30년만에 최초로 "삼봉학"(Sambong
Studies)이라는 이름으로 등장한 정도전사상에 관한 학술토
론의 장은 나의 발길을 끌기에 충분한 매력이 있었다. 애초
에 나는 그 학회에서 나오는 자료 한권을 얻고는 나올 심산
이었다. 그런데 떼려고 떼려고 했던 궁둥이가 철썩 늘어붙고
만 것이다. 아침 10시부터 저녁 6시까지 꼬박 앉아있을 수밖

에 없었던 이유는 매우 단순했다. 너무도 너무도 재미있었다 ! 아버지 제사에 가려던 어느 귀명창 촌부가 때마침 벌어진 판소리 한마당에 붙들려 서리맞으며 밤을 홀딱 새고 말았다는 옛이야기에 진배가 없었다.

## 이제야 우리는 "건국"을 말하기 시작했다

우리가 살고 있는 시대는 혼돈의 시대며 개혁의 시대다. 새로운 질서를 모색하는 혁명의 시대에 우리는 살고 있는 것이다. 한오백년을 유지해왔던 조선왕조의 질서가 무너지고 자기배반의 역사인 일제식민의 암흑속에 함몰되었다가 해방을 맞으며 한오십년 서구 의회민주주의의 빛줄기를 따라 오늘까지 흘러왔다고는 하나 그것은 주체적이고 자각적인 결단의 역사는 아니었다. 역사의 모델이 나라는 실존의 내부로부터 우러나온 것이 아니라, 외부로부터 주어진 것이었다. 건국 즉 네이션 빌딩(Nation Building)을 이야기한다면 그것은 해방후의 사건이 아니라 21세기를 맞이한 오늘에야 적합한 단어일 것이다. 이제야 비로소 우리는 "나라를 세운다, 짓는다"하는 주체적인 자각의 언사를 발할 수 있는 여유를 갖게 된 것이다. 과연 우리사회의 폴리테이아(Politeia, 政體)는 어떤 것이 되어야 하는가? 우리 통일조국의 헌법은 과연 어떠한 이념하에서 쓰여져야 할 것인가?

노무현의 특검거부도, 최병렬의 단식도 이러한 거시적 고뇌의 한 고리에 불과한 것이다. 이럴 때일수록 나에게는 삼봉 정도전(鄭道傳, 1342~1398)이 그리워지는 것이다. 그는 혁명을 기획했고 혁명을 성취시켰다. 정치가 권력(power)과 이념(ideology)의 끊임없는 교섭을 의미한다면 그는 권력을 쟁취했고, 또 쟁취된 권력을 사용할 수 있는 광범한 이념적 틀을 준비해놓고 있었다. 그는 진정한 의미에서 프로펫셔널 폴리티션(professional politician)의 타이틀을 소유할 수 있는 조선역사의 거의 유일한 거목이었다. 그는 조선왕조라는 새로운 폴리테이아를 건립한 주역이었다. 그는 조선건국의 아버지였다. 장량(張良)이 한고조를 업었듯이 그는 이태조를 업었다.

## 심정윤리와 책임윤리

첫째, 정도전은 플라톤이 말하는 철학(philosophia)을 소유했다. 철학이란 감각적 의견(doxa)에 이끌리지 않고 진리의 본(paradeigma, Idea)을 직시할 수 있는 에피스테메 (episteme)의 능력을 말한다. 둘째, 정도전은 마키아벨리가 말하는 덕성(virtu)을 소유했다. 여기서 덕성이란 도덕적 인 격을 말하는 것이 아니라 새로운 정치질서를 만들 수 있는 막강한 힘을 말한다. 셋째, 정도전은 막스 웨버가 말하는 책임윤리(Verantwortungsethik)를 소유했다. 이것은 심정윤 리(Gesinnungsethik)와 대비되는 말인데, 상식적인 선악의 분 별을 넘어서는 정치과정 전체에 관한 책임의식을 말하는 것 이다. 평화를 사랑하고 전쟁을 반대해야 한다는 것은 누구나 다 아는 것이다. 원전이나 핵폐기장이 옆에 있는 것보다는 없는 것이 더 삶에 안전하고 좋다는 것은 누구나 아는 것이 다. 이런 상식적 선악의 분별을 웨버는 심정윤리라고 불렀다. 그러나 인간세의 정치적 과정(political process)이라는 것은 이러한 심정윤리로만 이루어지지는 않는다.

심정윤리의 실천이 정치라고 한다면 그것은 초등학생이라 도 할 수 있는 것이다. 정치가는 이러한 심정윤리를 넘어서 서, 공적인 행위의 의도와 과정과 결과 전체를 냉철하게 형 량하는 책임윤리를 지녀야 한다. 그것은 사물을 일정한 거리 를 두고 바라보는 냉혹함이다. 뜨거운 불과도 같은 열정

(Leidenschaft)에 대비되는 얼음같이 차디찬 안목(Augenmass)이다. 그것은 혼의 억제(Bändigung der Seele)를 통해 단련되는 우아한 냉혹이다. 이방원의 냉혹함은 우아하질 못했다. 그러나 삼봉 정도전의 냉혹감은 우아함을 보지하고 있었다. 그래서 이방원의 칼날에 버히고 말았지만 삼봉의 철학과 덕성과 책임윤리는 조선왕조의 블루 프린트(blue print)로 남았다. 이상은 고려대 정치학과 최상용교수의 지적이다.

## 단테·마키아벨리를 뛰어넘는 정치가

최상용은 말한다: "정치학도인 나는 한국의 정치가로서 과연 누구를 세계에 내놓을 수 있을까? 이런 문제를 고민해왔다. 예술가는 100% 존경을 받을 수 있다. 그러나 정치가는 정권을 잡고 어떠한 성과를 냈느냐에 따라 평가할 수밖에 없기 때문에 그렇게 완벽한 존경을 받을 길은 없다. 정치가란 찬·반을 확실히 토론할 수 있는 가치를 지닌 인간일 뿐이다. 이승만? 박정희? 모두 찬·반을 이야기할 수 있다. 그러나 그들에게는 사회개혁의 총체적 이념의 가치가 빈곤하다. 이념과 권력과 책임의 달인으로서 우리는 삼봉 이상의 정치가를 발견하기 어렵다. 삼봉연구가 몇몇 역사학도의 수중에

서 완결될 수는 없다. 2200여명의 정치학자가 이 땅에 우글거리고 있건만 그들이 삼봉을 연구하지 않고 있다는 것은 태만이다. 정치가란 정치적인 것에 헌신하는 인간이다. 정치적인 것이란 곧 권력(Power)이다. 권력지향의 인간을 우리는 막연히 나쁜 놈이라고만 생각한다. 그러나 우리사회가 진정으로 권력에 헌신할 줄 아는 인간을 길러내지 못하면 우리의 미래는 없다. 요리는 완성되면 곧 부패하기 시작한다. 냉장고에 넣어놔도 썩는다. 권력은 잡는 순간 부패하기 마련이다. 그러나 이 부패하기 마련인 권력을 어떻게 공적인 가치로 전환시키는가에 대한 탁월한 안목을 지닌 자를 우리는 위대한 정치가라고 부르는 것이다. 나는 이러한 정치가로서 삼봉을 뛰어넘는 인물을 생각할 수가 없다. 이것은 과거에 대한 로맨스가 아니라 오늘 우리의 현실이다."

## 마유미사건을 속이고 넘어갈 수 있을까?

마침 이날 저녁 우연히 텔레비전을 보게 되었다. SBS『그것이 알고 싶다』였다. 나는 갑자기 1987년 대선직전에 일어났던 끔찍한 사건을 연상치 않을 수 없었다. 의심의 여지는 많았지만 마유미라는 가명의 어여쁜 대남공작원에 의한

KAL858기 폭파테러였다는 당국의 선전공세로 그 시말을 따져보기조차 버거웠던 우리의 심정때문에 그냥 망각의 저켠으로 넘겨버리고 말았던 그 사건! 그 사건과 관련된 나의 의식 그 자체가 조작의 산물일 수도 있다는 새로운 각성에만 내가 죄책감을 느꼈던 것은 아니다.

얼마든지 블랙박스를 회수하고 비행기잔해를 수거할 수도 있었는데 왜 안했을까? 왜 그 사건이 일어난 시점이 하필 김대중이 여의도에서 100만 군중집회를 하고 있었던 그 날이었으며, 마유미(김현희)가 입국한 시점이 노태우를 당선시킨 선거 바로 전날이었을까? 왜 김현희진술의 대부분이 거짓말이라는 일본신문의 보도는 더 추적되지 않았으며, 오히려 미모의 인기스타로 둔갑되고 말았을까? 바레인에서 죽은 신이찌라는 노인은 갈비뼈가 부러졌고 독극물이 기도와 식도에다 퍼져있는 것으로 보아 외압에 의한 타살로 추정된다는데? 북한당국이 88올림픽방해를 위하여 저지른 일이라는 사건의 명분은 타이밍에 어긋날 뿐 아니라 전혀 영양가가 없다는 것은 누가 생각해도 명명백백하지 않은가? 이 사건의 결과적 수혜는 오직 노태우당선으로 돌아갈 뿐이라는 상식의 일치된 견해는 과연 어떤 논리로 반박될 수 있을 것인가?

## 인(仁)의 실현만이 위민(爲民)이요 안민(安民)이다

삼봉은 말한다: "대저 군주는 국가에 의존하고, 국가는 민 (民)에 의존한다. 그러므로 민은 국가의 근본이며 군주의 하 늘이다."(蓋君依於國, 國依於民. 民者, 國之本而君之天.)[40]

그가 말하는 정치란 위민(爲民)이요, 애민(愛民)이요, 중민 (重民)이요, 보민(保民)이요, 목민(牧民)이요, 안민(安民)이다. 맹자는 말한다. 민이 귀한 것이요, 사직이 그 다음이요, 군은 가벼운 것이다. 군이 민에 대한 책무를 다하지 못했을 때는 얼마든지 갈아치울 수 있다. 사직이라는 신(神)도 제 기능을 못할 때는 갈아치울 수 있다(變置社稷). 왕권도 종교도 갈아 치울 수 있는 것이나, 백성만은 갈아치울 수 없다는 것이다.

그런데 이 개명한 오늘날 민주적 선거과정에서 한 인간을 지도자로 선출하기 위하여 바로 그 지도자의 하늘(君之天)인 백성을 폭파의 제물로 희생시킬 수도 있다는 사실이 성립할

---

40) 『朝鮮經國典』上, 「賦典」, 版籍.

삼봉 정도전의 건국철학

수도 있다고 한다면, 이 천인공노할 분노의 가설이 과연 민주적 절차의 한 부분으로 용납될 수 있을 것인가? 과연 삼봉이 구상했던 조선왕조의 정치보다 오늘 우리의 민주체제가 더 진보한 근대적 구상이라고 하는 본질적 근거는 어디서 찾을 수 있을 것인가?

### 우리 정치판도 미래적 공적가치에 목숨걸어야 한다

최근세사의 왜곡을 바로 잡고 이승만-박정희-전두환시대의 비리를 밝히는 언론의 사명에 충실한 KBS의 공영성이 자당의 판세에 불리하다는 단순한 계산으로 수신료분리징수법안을 내놓고 있는 한나라당이[41] 노대통령의 특검거부를 빌미로 단식투쟁·의원직총사퇴의 강수를 놓고 있다고 한들, 그러한 행위가 우리사회의 근원적 도덕성을 회복시키는데 도움을 주리라고 믿는 사람이 이땅에 과연 몇명이나 될까? 우리 민중은 KAL858기의 실종에 공분을 느낄지언정, 이제 더이상의 정치적 쇼에 속지 않는다.[42]

---

41) KBS 공영성에 관한 논의는 내가 2003년 10월 30일(목)자로 『문화일보』에 쓴 논설의 근원적인 콘텍스트에서 이루어지고 있는 것이다. 본서의 제8장에 그 글이 실려있다.

42) 시의적인 논설이기 때문에 당시에 벌어졌던 한국정치의 상황을 꼬

단식일랑 하루빨리 중단하고 마유미의 진실이나 파헤쳐라! 똥을 한홉 먹은 놈이나 열말을 들이킨 놈이나 입에서 쿠린내 나기는 다 마찬가지겠지만, 우리 국민이 바라는 것은 한홉이든 열말이든 하루빨리 다 게워내고 그 독성을 정화시켜 깨끗한 몸으로 우리민족의 당면한 많은 문제를 해결해 달라는 것이다. 진보와 보수의 대결이 아니라, 삼봉의 말대로 천지생물지심(天地生物之心)인 인(仁)을 실현할 수 있을 것인가, 없을 것인가 하는 보편적 기준만이 정치적 판단의 기강이 되어야 한다는 것이다. 삼봉 『조선경국전』의 첫 말이다.

---

집고 있다는 맥락을 이해해주었으면 한다. 노무현대통령 측근비리에 관한 특검법안을 한나라당이 통과시켰고 그 법안에 대해 노무현대통령이 거부권을 행사하자 최병렬대표가 단식투쟁에 돌입하였다. 바로 그 시점에 나는 정치적 프로세스가 이러한 파우어게임의 겉치레로 이루어져서는 안된다는 것을 강력히 지탄한 것이다. 한국의 정치는 현재 보다 생산적인 도덕적 비견을 향해 정강·정책의 대결을 벌이고 있는 것이 아니라 기득권을 고수하려는 이해관계에 급급하여 서로를 비방하는 게임만 벌이고 있어 역사의 근원적인 개선이 억눌리고 있다는 데 그 비극적 현실이 있다.

삼봉 정도전의 건국철학

## 제8장

이 글은 2003년 10월 30일(목)자 『문화일보』 제17
면에 도올담세(檮杌談世)로 실렸던 논설인데 대단
히 광범위한 민중의 호응을 얻은 글이다. 나는
2000년 10월부터 2001년 5월까지 64회에 걸쳐서
KBS에서 『도올의 논어이야기』라는 방송을 했다.
나는 녹화뿐 아니라 편집과정에 참여했기 때문에
KBS체제내에서 인사이더로서 활약했다. 그래서 사
내 제반 정황을 깊게 체험했다. KBS에 대한 비판
을 이야기 한다면 나는 가장 비판적일 수 있는 사
람중의 하나다. 그러나 KBS의 수신료분리징수는
한 방송사의 재정기반에 관한 단순한 문제가 아니
라 삼봉의 정보위(正寶位)가 말하는 바 한 나라의
기본기강에 관한 체제의 담론이며 한 정당의 이해
관계를 초월하는 상위질서의 안위에 관한 것이다.
민주가 권력의 분산을 의미한다면 분산과 동시에
집중의 메카니즘이 절실히 요구되는 것이다.

해방전후사를 말할 때 우리는 이구동성으로 일제
청산을 운운한다. 그때 일제청산이 안되었기에 해
방후 역사의 기강이 바로서지 못했다는 것이다.
그런데 일제청산을 열렬히 말하는 자들이 오늘날
우리역사의 독재청산은 철저히 외면하려 한다. 그
마수의 속박이 오늘 우리 실존 속에 살아있기 때
문이다. 청산해야만 할 역사를 청산하려고 안깐힘
쓰는 KBS의 모습은 우리민족의 축복이다. 그것은
프라하의 봄이 아닌 서울의 봄이요, 우리민족사의
승리다. 시청률경쟁에 휘말리지 않는 KBS의 공공
성은 정객들의 이해와 무관하게 확보되고 강화되
어야 한다! 천지생물지심(天地生物之心)의 민(民)
을 위하여!

# KBS의 공공성은 강화되어야 한다

### 한나라당의 "수신료 분리징수," 과연 정당한가?

## 보수주의의 본질은 국력의 결집

본시 보수주의자(conservative)라는 것은 한 나라의 공공자산을 증대시키는 것을 지고의 목표로 삼는다. 공공자산의 증대를 통하여 국력을 일사불란하게 결집시키는 것이 보수주의가 노리는 것이다. 그리고 대외문제에 있어서도 보수주의는 외세에 의존하지 않는 민족자결의 국방력강화를 통해 민족과 국가의 역량을 강화시키려고 노력한다. 그런데 이상하게도 우리나라의 보수주의는 "민족"이 빠져있다. 외세에 의존하는 반민족주의와 자기민족을 죽이자는 반공만을 그 트레이드 마크로 삼고 있고, 미국말만 듣고 미국흉내만 내는 것을 지고의 가치로 삼는다. 이제 그들은 우리나라의 공적 자산마저 허물어버릴려고 광분하고 있는 것이다. 참으로 국정의 위기를 실감한다.

한나라당이 수신료 분리징수를 위한 방송법개정안을 국회에 제출한 것은 참으로 국가대계를 염려치 않는 경박한 처사라고 개탄할 수밖에 없다. 나는 한나라당이 언제나 야당을 하리라고 생각치 않는다. 수권정당으로서 이 나라를 과연 어떻게 다스려야 할 것인가를 고민해야 하는 정당이며, 또 그 기본 정강정책을 바로 세우기만 한다면 하시고 여당이 되리라고 생각한다. 그런데 여당이 되었을 때, 그들은 국가의 대간을 이루는 공적 자산을 허물어뜨려 놓고 과연 어떤 식으로 정치를 하겠다는 것인가?

### 유위(有爲)의 죄업은 유위(有爲)로 씻을 수밖에

지금 KBS의 문제는, 정책이나 이념노선의 호오와는 다른 차원에서 생각되어야하는 국가의 공공성 즉 국력의 집결과

관계되는 매우 근원적인 문제인 것이다. 삼봉 정도전이 말하는 바 경국(經國)의 문제인 것이다. 지금 KBS의 몇 개의 프로그램이 총선을 앞둔 한나라당의 입장에서 볼 때 불리한 성향을 과시한다고 해서 KBS의 공공성 그 자체를 궤멸시킨다는 것은 정치를 안다고 하는 사람의 자세일 수가 없다. 그들은 경국(經國)이 아닌 멸국(滅國)을 서두르고 있다.

이미 저승의 사람이 되어버린 나의 우인 한창기선생이 십여년 전 빗물이 떨어지는 성북동 한옥의 툇마루에 앉아서 나에게 절박하게 외친 한마디를 생생하게 기억한다: "김형! 인류의 역사에 있어서 인간의 삶의 질을 가장 하락시킨 혁명이 바로 텔레비젼의 출현일 것이우이." 나는 그 순간 그의 외침의 진실을 깊게 공감했다. 단군개국이래 텔레비젼처럼 우리 백성의 일상적 삶의 행태를 뒤바꿔놓은 것은 없다. 그것은 우리의 안방을 마구 출입하는 유령이다.

유위(有爲)의 죄업은 유위(有爲)로 씻을 수밖에 없다. 텔레비젼이 우리에게 잘못한 업보가 있다면 그것은 텔레비젼으로밖에 씻을 길이 없다. 텔레비젼이라는 레바이아탄의 타락은 우리국가의 타락이요 우리국민의 파멸이다. KBS의 수신료

분리징수는 징수율의 저하와 징수비용의 증대를 가져와 결국 KBS라는 공영방송을 상업주의의 경쟁구조로 휘몰게 된다. 그러면 그나마 유지되었던 공익성은 사라질 수밖에 없는 것이다.

## 시청료와 수신료는 별개다

시청료(subscription fee)와 수신료(licence fee)는 전혀 다른 개념이다. 시청료는 극장 관람료와 같은 것이다. 그러나 수신료는 수상기를 소유한 사람이 국가에 지불해야 하는 준조세 개념의 요금이다. 그것이 합헌의 정당한 징수라는 것은 이미 1999년 5월 27일 헌법재판소에서 결정을 내린 것이다. 지상파방송은 한계대역을 가진 공공재며 사유될 수가 없는 것이다.

문제는 KBS가 1961년 개국이래 그러한 공공성의 명분에 합당한 프로그램의 성격과 수준을 유지해왔느냐 하는 것이다. 이 질문에 대해서는 많은 이들이 부정적인 대답을 내릴 것이다. 그러나 바로 오늘 KBS의 움직임은 이러한 부정성을 긍정성으로 바꾸기 위한 노력인 것이다. 그것은 강준만교수

의 지적대로 "부끄러움"이요, 자신의 과거에 대한 "아픔"에서 출발하는 것이다.[43]

## 개정법안 철회만이 바른 경국(經國)의 길

정연주(鄭淵珠)는 KBS사장취임사에서 개혁의 세 방향을 제시했다. 독점에서 경쟁으로, 집중에서 분산으로, 폐쇄에서 개방으로! 그리고 내가 이해하는 한 정연주는 이러한 자신의 소신에 충실했다. 내가 이해한다고 하는 뜻은, 나는 일년 가까이 KBS 내부멤버로서 핵심부에서 일한 경험이 있기에 KBS를 너무도 잘 안다는 뜻이다. 『도올의 논어이야기』의 녹화, 편집에 몸소 참여했다. 그 조직속에서 나는 많은 부조리를 발견했다.

그러나 KBS는 지금 변하고 있다. 제왕적 사장의 이미지는 사라졌고, 부장급이하의 일선PD에게 응당한 권한과 책임이 주어지고 있으며, 방만한 조직은 창의성을 위하여 조여지고

---

43) 전북대 신문방송학과 강준만교수는 2003년 10월 17일자 KBS노보에 "KBS 죽이기에 어떻게 대응할 것인가"라는 긴급기고문을 실었다.

있다. 그리고 입사시험도 토익점수 비중을 최소화시키고 학연·지연의 줄타기를 완벽하게 차단시켰다. 그 결과 올해는 신입사원 137명이 전국의 무명대학에 이르기까지 골고루 분포되었다. 정연주는 의로운 다중과 함께 뛰는 사람이다. 한나라당이 정연주와 코드가 맞지않는다고 해서 KBS의 공공성 그 자체를 파멸시키려고 한다면 단언컨대 그것은 곧 한나라당을 파멸시키는 길일 뿐이다. 한나라당은 방송법개정안을 하루 속히 철회하고 폐기시켜야 한다. 만약 다수당의 폭력으로 그것을 통과시킨다면 노무현대통령은 단호하게 거부권을 행사해야 한다. 정연주의 KBS개혁은 KBS직원 대다수의 지지를 얻고 있으며, 양식있는 이 땅의 지식인이라면 누구든지 KBS의 역사는 지금부터 시작이라는 것을 알고 있다. 우리는 인물을 키울 줄 알아야하며, 의로운 시도에 대해서는 시행착오에 연연치 말고 응분의 시간을 주어야 한다.

## 국체(國體)의 근본을 흔들지 말라!

사랑하는 국민들이여! 한번 곰곰이 생각해보라! 단돈 2,500원에 지금 우리가 누리고 있는 KBS라는 문화적 혜택을 과연 아깝다고 해야할 것인가? 63년에 100원, 74년에

500원, 81년에 2,500원 냈던 것을 지금 20년 넘도록 그대로 내고 있는 이 수신료를 과연 깎아내려야 할까? 영국인들은 BBC를 위하여 월 2만원을 내고 있는데! 미국이 BBC같은 공영방송 하나 확보못한 것이 토마스 제퍼슨이래 국가정책의 최대실수라는데! 44) KBS수신료를 올려서 우리사회의 공익성을 증대시켜야 한다! 모든 것이 상업화되어 가면 갈수록 오히려 KBS와 같은 공영성은 보강되어야 한다. 그렇지 않으면 우리사회는 펄펄 끓는 물 속의 얼음조각처럼 급속한 해체의 일로로 치닫게 될 것이다.

---

44) 공공성에 관한 한 미국형과 유럽형은 큰 차이가 있다. 미국은 방송을 모두 상업화시켰다. 그러나 미국의 신문이 대체적으로 로칼한 성격을 못벗어나는데 비하면 텔레비젼은 그래도 전국적인 정보매체로서의 기능을 보지하고 있다. 그러나 미국이 BBC나 NHK와 같은 퍼블릭한 텔레비젼 매체를 확보하지 못한 것은 미국국민의 공적 도덕성을 타락시킨 가장 큰 실책의 하나로 꼽힌다. 물론 미국 방송매체는 그 나름대로의 장점도 있겠지만 미국은 공적 담론이 상실되어 가는 사회로 변질되어가고 있다. 한국은 유럽형과 미국형의 장단점을 보완적으로 섭취해야 할 것이다. KBS의 미래모델은 분명 미국의 한 채널은 아니다.

제8장  KBS 공공성은 강화되어야 한다

## 도올 김용옥선생님의 저술목록

『여자란 무엇인가』, 『東洋學 어떻게 할 것인가』, 『아름다움과 추함』
『절차탁마대기만성』, 『루어투어 시앙쯔』(上·下), 『새춘향뎐』
『논술과 철학강의』(전2권), 『길과 얻음』, 『老子哲學 이것이다』
『白頭山神曲·氣哲學의 構造』, 『나는 佛敎를 이렇게 본다』
『新韓國紀』, 『도올세설』, 『대화』, 『태권도철학의 구성원리』
『도올논문집』, 『氣哲學散調』, 『삼국통일과 한국통일』(上·下)
『石濤畵論』, 『三國遺事引得』, 『醫山問答 : 기옹은 이렇게 말했다』
『天命·開闢』, 『도올선생 中庸講義』, 『건강하세요Ⅰ』
『話頭, 혜능과 셰익스피어』, 『이성의 기능』, 『노자와 21세기』(전3권)
『달라이라마와 도올의 만남』(전3권), 『큐복음서』, 『요한복음 강해』
『도올의 도마복음한글역주』(전3권), 『기독교성서의 이해』
『논어한글역주』(전3권), 『효경한글역주』, 『대학·학기경한글역주』
『중용한글역주』, 『중용, 인간의 맛』, 『맹자, 사람의 길』(上·下)
『사랑하지 말자』, 『도올의 아침놀』


## 도올문집 시리즈

제1집 : 『도올의 청계천이야기』 ─ 서울, 유교적 풍류의 미래도시
제2집 : 『讀氣學說』 ─ 최한기의 삶과 생각
제3집 : 『혜강 최한기와 유교』 ─ 『기학』과 『인정』을 다시 말한다
제4집 : 『삼봉 정도전의 건국철학』 ─ 『조선경국전』『불씨잡변』의 탐구
제5집 : 『도올심득 동경대전』(1) ─ 플레타르키아의 신세계
제8집 : 『도올의 국가비젼』 ─ 신행정수도와 남북화해
제9집 : 『앙코르 와트·월남 가다』(상) ─ 조선인의 아시아 문명탐험
제10집 : 『앙코르 와트·월남 가다』(하) ─ 조선인의 아시아 문명탐험

## 삼봉 정도전의 건국철학

2004년  1월  15일  초판발행
2018년  3월  10일  1판 5쇄

지은이  김 용 옥
펴낸이  남 호 섭
펴낸곳  통 나 무

서울시 종로구 동숭동 199-27
전화: (02) 744-7992
팩스: (02) 762-8520
출판등록 1989. 11. 3. 제1-970호

ⓒ Kim Young-Oak, 2004    값 8,500원

ISBN 89-8264-204-8 (03150)
ISBN 89-8264-200-5 (세 트)